오늘 방송도 완판!

# 오늘 방송도 완판!

이현숙 지음

서 사 원

# 『라이브 커머스 성공 전략』 출간 후

『라이브 커머스 성공 전략』이 독자들의 뜨거운 반응을 얻으면서 지인들로부터 많은 축하와 응원을 받았다. 하지만 내 근황을 잘 몰랐던 지인 중에는 코로나19로 갑자기 라이브 커머스<sup>Live Commerce</sup>가 뜨거워진 타이밍에 급히 책을 출간한 것으로 아는 이도 꽤 있었다.

사실 나는 『라이브 커머스 성공 전략』이 출간 3개월 만에 5쇄를 찍을 거라는 생각은 꿈에도 하지 못했다. 책을 쓰기 시작한 2019년 여름은 코로나19가 팬데믹까지 갈 것이라고 누구도 상상하지 못했던 시기이고 '라이브 커머스'라는 용어 자체도 대중적으로 사용되지 않아 나의 초고에는 '1인 판매 방송' '1인 라이브 판매 방송' '1인 방송 라이브' 등등 여러 가지 용어를 혼재해서 사용했었다.

또한 참고할 만한 서적이나 자료가 없어 순전히 나의 경험과 생각, 모니터링 그리고 주변 인물들을 인터뷰한 내용만으로 책을 써야 했다.

책을 쓰기 시작할 무렵 출판 관계자로부터 "출판업계에서는 출간 후 서점 매대에 책이 얼마나 오래 누워 있느냐가 성공의 기준이다"라는 섬뜩한 이야기를 들었다. 이제 막 초고를 쓰기 시작한 예비 작가로서 책을 쓰는 내내 신경이 쓰였다.

내 책은 과연 서점 매대에 얼마나 누워 있을 수 있을까? 짧은 기간만 이라도 서점 매대에 누워 있는 내 책을 상상했고, 그렇지 못하더라도 아낌없이 내가 아는 모든 것을 쏟아부은 책을 평생 소장하는 것만으로도 의미 있다고 생각했다.

출판사와는 코로나19 초기이던 2020년 4월에 출간 계약이 되었지만 그때까지도 곧 코로나19가 종식되리라는 믿음이 있었기에 라이브 커머스가 크게 부각되지는 못했다. 출판사의 사정으로 내 원고가 작업에 들어가기까지 3~4개월을 더 기다렸고 기다리는 동안 시장 상황이 자꾸 바뀌어 자료 조사와 인터뷰 등을 하며 내용을 추가하고 좀 더 읽기 쉽고 재미있게 다듬고 수정하기를 혼자서 여러 번 반복했다.

그런데 점점 언론을 통해 '라이브 커머스'라는 용어가 반복해서 노출되더니 급속도로 라이브 커머스가 우리 생활에 다가왔고 비대면 생활이 본격적으로 시작되면서 대기업, 중소기업, 소상공인, 심지어 개인에 이르기까지 너도나도 라이브 커머스를 시도하기 시작했다.

코로나19 이전에는 시속 $20km$ 정도로 서행하던 라이브 커머스가 코로나19 팬데믹으로 앞으로는 대면 활동과 대면 영업이 어려워질 것이라는 비관적인 전망이 나오면서 라이브 커머스는 사람들에게 더 많이, 더 자주 언급되었다.

그 무렵 서사원 출판사는 드디어 내 원고를 멋진 책으로 세상에 내놓았다. 너무나 드라마틱한 타이밍 아닌가? 출간 전날 밤잠을 설쳤다. 내가 오랜 시간 공들여 쓴 나의 이야기와 노하우가 세상에 공개되었을 때 세상의 반응은 어떨까? 내 책은 과연 서점 서가에 누워 있을 것인가 아니면 책꽂이 한 귀퉁이에 세워져 있을 것인가?

책을 쓰는 작가나 작곡가, 영화감독, 드라마 작가 등 창작을 하는 이라면 누구나 공감할 심정일 것이다. 한 권도 팔리지 않을 수도 있겠다는 불안함도 있었기에 아주 친한 친구 몇 명과 가족 외에는 내가 책을 쓴다는 걸 대부분 모르고 있었다.

그런데 반전이 일어났다. 책이 출간되자마자 예상하지 못했던 신기한 일이 계속 생겨났다. 전국 각지뿐 아니라 해외에 있는 독자들로부터도 "적절한 시기에 꼭 필요한 책을 출간해주어 고맙다" "라이브 커머스를 하고 싶은데 전혀 방향을 잡지 못하고 있다가 작가님의 책을 읽고 자신감을 얻었다" "유익한 내용이 많아 지금 세 번째 읽고 있다" 등 몸 둘 바를 모를 정도로 많은 칭찬과 응원을 받았다.

특히 잊지 못할 사건은 책이 출간된 지 얼마 되지 않은 어느 날, 낯선 번호로 전화가 왔다. 요즘 같은 시기에 모르는 번호로 전화가 오면 대부분 영업 전화나 스팸 전화일 확률이 높아 전화를 받을까 말까 고민하다 혹시나 해서 전화를 받았는데, 한 중년 여성이었다. 외부에서 전화를 받은 탓에 주변 소음도 있고 당신이 누구라고 소개를 하는 것을 제대로 알아듣지 못한 나는 어디서 들어본 것 같기도 하고 아닌 것 같기도 한 듯한 목소리에서 무언가 다른 강한 카리스마를 느꼈다. 전화를 건 그분은 바로 국민 스타 강사 김미경 대표님이었다.

내게 직접 전화를 한 요지는 내가 본인이 찾고 있는 사람이라는 것이었다. 라이브 커머스에 상당한 관심을 두고 있었기에 이를 자신이 운영하는 MKYU<sup>MK&You University, 김미경과 당신의 대학</sup> 열정대학생들에게 가르쳐 주고 싶다고 하시며 MKTV<sup>김미경TV</sup>의 북토크와 MKYU의 라이브 커머스 커리큘럼을 제안하셨다.

이렇게 김미경 대표님과의 인연으로 150여만 구독자를 보유한 MKTV에 출연했고 MKYU의 열정 가득한 열정대학생들에게 20강 영상 콘텐츠로 라이브 커머스라는 세계를 알려주며 지금까지도 계속해서 좋은 관계로 교류하고 있다.

『라이브 커머스 성공 전략』과 MKYU와의 인연은 현업에서 오랜 쇼호스트 생활을 했던 내게 인생 2막을 여는데 확실한 티핑 포인트<sup>Tipping Point, 작은 변화가 어느 정도 기간을 두고 쌓인 상태에서 이제 작은 변화가 하나만 더 일어나도 돌연 큰 영향을 초래할 상태가 된 단계</sup>가 되었다.

그 이후로 각 공공기관과 지자체, 대기업, 중소기업, 개인 등 여러 곳에서 강연과 교육 제안이 들어왔다. 중소벤처기업부 주최의 세미나에서도 강연했고 국내 최대 마케팅포럼인 2021 DMS<sup>Digital Marketing Summit</sup>에서 라이브 커머스 세션의 연사로 초대가 되었다.

TBS라디오 〈경제발전소 박연미입니다〉 방송에 출연하는가 하면 국내 최초 라이브 커머스 오디션 웹예능인 〈개천에서 용나G〉에 MC 겸 심사위원으로도 캐스팅되어 방송에 출연하기도 했다.

지금까지도 라이브 커머스 전문가로서 강연과 교육을 비롯해 다양한 섭외가 계속 들어오고 있다. 이 모든 일이 아주 짧은 기간 안에 일어난 것이다. 첫 책 『라이브 커머스 성공 전략』 출간 이후의 나의 행보를 보면 용어조차 생소했던 라이브 커머스가 2년여 동안 얼마나 폭발적으로 성장했는지를 가늠할 수 있다.

나에게는 『라이브 커머스 성공 전략』의 저자로 개인적으로 행복하고 감사한 일이 참 많은 시간이었다. 알고 있던 것보다 훨씬 더 많은 것을 배웠고 좋은 분들과 새로운 인연도 많이 만들게 되었으며 한 번도 경험해 보지 못한 재미있고 흥미로운 일도 하게 되었다. TV홈쇼핑 쇼호스트로 상품을 직접 방송으로 판매하며 느꼈던 희열과 보람과는 또 다른 짜릿하고 흥분된, 그러면서도 상당히 보람 있는 경험들이었다.

지난 방송콘텐츠진흥재단 1인방송제작스쿨 교육생 선발 심사 때 30분도 채 되지 않는 면접을 위해 완도, 여수, 광주, 제주, 문경 등등 전국 각지에서 비행기, 기차, 버스를 여러 번 갈아타고 온 분들을 만났다.

직접 농사를 짓는 분들, 자신이 사는 지역의 특산품을 라이브 커머스로 판매하여 주민들의 판로를 넓혀주고 싶다는 분들, 본인의 작품을 직접 판매하고 싶다는 유명 사진작가, 직접 만든 공예품을 판매하기 위해 라이브 커머스를 배우고 싶다는 분들 등 다양한 지원자가 있었다. 그중 나는 한 농부에게 질문했다.

"왜 라이브 커머스를 하려고 하세요?"
"살길이 이것밖에 없다고 생각했어요."

농부의 대답에 현장에는 잠시 침묵이 흘렀고 이 한 마디는 내 마음속에 오랫동안 울림으로 남았다. 라이브 커머스가 그들의 살길이 될 수 있게 그동안 많은 독자에게 받은 사랑을 어떤 방식으로든 갚아야겠다고 마음먹었다.

그 후 나는 라이브 커머스를 배우고 싶어 하는 농어민, 경력 단절 여성들, 소상공인들을 위한 강의나 교육이 있다면 발 벗고 나서 내가 알고 경험한 모든 것을 알려주려고 시간과 에너지를 쏟았다.

그리고 또 결심했다. 다른 누구보다도 라이브 커머스에 먼저 발을 담근 내가 2년여간 알게 된 것과 경험한 것, 먼저 시작한 내 교육생들의 사례 등을 정리해 아직도 용기가 나지 않는 예비 셀러와 내 첫 책 『라이브 커머스 성공 전략』을 읽고 기본기는 익혔지만 좀 더 깊이 있는 정보가 필요한 독자들을 위해 두 번째 책을 쓰기로 말이다.

첫 책이 '라이브 커머스 기술'에 집중했다면 이번 책 『오늘 방송도 완판!』에는 '라이브 커머스로 잘되고 있고 잘될 사람들'에 관한 이야기를 중심으로 담았다.

짧은 라이브 커머스 역사에서 '이것이 정답이다!'라고 단정 지어 말하기는 어렵다. 하지만 각양각색의 개성과 방식으로 판매 방송이 진행되는 가운데 '라이브 커머스로 잘되고 있고 잘될 사람들'은 몇 가지 공통점이 있다.

공부를 잘하고 싶으면 공부 잘하는 사람이 어떻게 공부하는지 보면 되고, 장사를 잘하고 싶으면 장사를 잘하는 사람을 관찰하며 그들의 노하우를 배우면 된다. 그러면 혼자 우왕좌왕 분투하는 시행착오를 훨씬 줄일 수 있다.

그동안 많은 라이브 커머스 교육생을 배출하고 직접 라이브 커머스 판매 방송과 기획을 하며 쌓은 '잘되고 있고 잘될 사람들'의 데이터를 이 책에서 모두 풀려고 한다. 따라가지도 못할 만큼 멀리 가 있는 넘사벽의 이야기들이 절대 아니다. 이 책을 지금 읽고 있는 독자보다 한두 걸음 먼저 걸어가는 이들의 이야기이다. 나도 노력하면 얼마든지 따라잡을 수 있는, 내 주변 누군가일 지도 모르는 이야기를 담아냈다.

이 책『오늘 방송도 완판!』또한 첫 책『라이브 커머스 성공 전략』못지않게 혼신을 다해 독자들에게 아낌없이 알려주고 또 알려줄 것이다. 그것이 내가 독자들에게 받은 사랑을 일부라도 돌려드릴 방법이자 라이브 커머스 분야에서 나름 선도적인 입지를 가지고 있는 이의 책임이기도 하니까 말이다.

그러니 이번에도 나를 믿고 라이브 커머스의 세계에 더욱더 깊게 풍덩 빠져보기를 바란다.

원고 탈고를 마친 날,

반려견 함박이와 함께 서재에서

# 차 례

프롤로그 「라이브 커머스 성공 전략」 출간 후      — 004

## PART 1    아직도 라이브 커머스 하기를 망설인다고?

지금은 라이브 커머스로 쇼핑하는 시대      — 018

라이브 커머스, 이제는 선택이 아닌 필수      — 024

라이브 커머스만 하면 무조건 대박이 날까?      — 032

아직도 긴장과 울렁증을 말하는 당신에게      — 039

경험이 최고의 데이터      — 044

# PART 2 남들과 '다른' 라이브 커머스를 만드는 1% 디테일

라이브 커머스가 잘되기 위한 4박자 — 052

10%의 슈퍼팬을 만들어라 — 065

라이브 커머스는 1시간으로 기획해서는 안 된다 — 070

라이브 커머스를 하면서 대본을 준비하나? — 075

'척' 하려면 그만큼 준비해야 한다 — 080

고객을 손 떨리게 하라 — 085

가격이 저렴하면 그 이유를 알려줘라 — 092

한 가지 상품만 계속 팔면 시청자가 지겨워할까? — 096

팔려고 덤비면 팔리지 않는다 — 102

누가, 언제 팔아야 하는가? — 106

내게 맞는 방송 스타일은 무엇일까? — 112

셀러의 외적 이미지 — 115

사투리는 교정해야 할까? — 120

텐션이 높지 않은데 연기를 해야 할까? — 123

말을 잘하는 셀러가 방송을 잘하는 셀러인가? — 126

식품 방송 때 요리를 처음부터 해야 하나? — 131

상품의 셀링 포인트는 어떻게 잡아야 할까? — 136

셀링 포인트 정하기 — 138

신뢰를 높이고 허점을 보이지 않는 판매 전략 — 139

꼭 지켜야 할 라이브 커머스 심의     — 140

애플사이더는 술이라서 방송이 안 된다고?     — 149

연잎밥 농부에서 연잎밥 장인으로     — 153

대중가수와 라이브 커머스 셀러의 공통점     — 157

송출이 안 되면 라이브 커머스가 무슨 소용이 있을까?     — 160

조명과 마이크는 필수인가?     — 165

비대면 화상 보험 영업     — 168

• Tip 화상 영업 시 셀러들이 가장 궁금한 Best 4     — 176

라이브 커머스 전문 쇼호스트가 되고 싶은 이들에게     — 179

## PART 3   라이브 커머스에 성공적으로 안착한 & 할 사람들

웃음치료사 hahaha 님의 개구리 뒷다리!     — 190

10초도 말을 잇지 못한 50대 남성의 버섯 판매기     — 194

내 상품은 내가 찾는다! 김 차장의 불막창 방송     — 202

35년 만에 폐업한 공장에서 라이브 커머스를     — 208

6번 방송 만에 6개월 치 사과 완판한 청송 사과 농부     — 212

다꿈 님의 꿈     — 219

호주 엘리의 라이브 커머스 성공기     — 223

중년 여성들의 라이브 커머스     — 229

60대 남성의 데일리 그릿 — 235

지갑을 열게 하는 스토리텔링 — 241

댓글 전문가 천 주부의 소싱 비법 — 246

팝콘 농부의 라이브 커머스 도전기 — 250

장군님을 일으켜 세운 직업군인 J의 자기소개 — 254

마음을 파는 셀러 — 260

미래의 열매를 위해 오늘 꽃을 피우는 셀러 — 265

바이올린 켜는 셀러 — 270

김미경 대표님의 라이브 커머스 — 274

연예인들의 라이브 커머스 도전기 — 278

· Tip 1 상품 대하기 — 282

· Tip 2 댓글 소통하기 — 287

· Tip 3 라이브 커머스의 예능화에 적응하기 — 292


에필로그  위기 속에서도 기회를 만드는 '꾸준함'과 '진정성'에 관하여 — 297

# 아직도 라이브 커머스 하기를
# 망설인다고?

# 지금은 라이브 커머스로
# 쇼핑하는 시대

40대 후반인 내 지인은 요즘 라이브 커머스 시청에 푹 빠져 있다. 본인이 좋아하는 셀러의 판매 방송을 미리 알림 신청해 두었다가 알림이 울리면 바로 접속한다고 한다. 구매가 목적이라기보다 방송에 참여해서 댓글로 소통하는 것이 너무나 재미있단다. 특히 사투리로 반말과 존댓말을 섞어가며 지하상가에서 옷을 파는 셀러와의 소통은 드라마보다 더 재미있다고 이야기했다.

라이브 커머스에는 위에서 언급한 옷 가게 셀러와 같은 소상공인들뿐 아니라 다양한 인플루언서가 등장한다. 실제로 요즘 사람들은 자신이 좋아하는 인플루언서가 라이브 커머스 판매 방송을 하면 물건을 구매하기 위해 방송을 보는 것이 아니라 좋아하는 인플루언서와 소통하기 위해 시청하는 경우가 더 많다.

이제 라이브 커머스는 단순히 물건을 사고파는 커머스의 장에서 재미와 공감, 소통의 장으로 확장되고 있고 예능 프로그램처럼 방송을 시청하고 댓글로 소통하다가 셀러와의 공감과 소통이 잘 이루어지면 구매로까지 이어지게 된다.

나 역시 요즘은 라이브 커머스로 쇼핑을 많이 한다. 처음에는 제자들의 방송을 보면서 응원 차원으로 하나둘씩 사기 시작했는데 막상 직접 사용해보니 라이브 커머스를 통해 판매하는 상품 대부분이 시중보다 가격 경쟁력이 훨씬 있으면서 사용 만족도도 높아 이제는 라이브 커머스 마니아가 되었다.

요즘 나의 생활을 돌아보면 이 말이 과장이 아님을 알 수 있다. B님이 판매한 옷을 입고 강의나 미팅에 간다. 귀가해서는 J님이 방송한 클렌징폼으로 세안을 한 후 K님이 판매한 닭갈비로 맛있게 저녁 식사를 한다. 주말에는 닭갈비와 함께 산 밀키트 떡볶이로 아이들의 간식을 만든다. 퇴근 후 귀가한 남편과는 E님이 판매하는 애플사이더를 마시며 D님이 방송한 김부각이나 S님의 사과 팝콘을 안주로 먹는다. 지난 명절에는 I님이 남편과 직접 만들어 파는 강릉 한과와 S님이 농사 지어 판매한 샤인머스킷을 지인들에게 선물했다.

한 번이라도 라이브 커머스를 경험해본 사람이라면 누구라도 이렇게 될 수밖에 없다. 가격이 저렴하기로 유명한 TV홈쇼핑도 일단 업체가 부담하는 수수료가 만만치 않다. 1만 원짜리 상품을 판매하면 판매자가 TV홈쇼핑에 3~4천 원은 수수료로 내야 한다. 여기서 생산자와 밴더가 수익을 나누어야 하는 경우가 많기에 TV홈쇼핑은 일정 수준 이상의 판매 가격이 유지되어야만 한다.

시청률로 따졌을 때 아직 라이브 커머스는 TV홈쇼핑과 비교가 안 될 정도로 미미한 수준이다. 하지만 라이브 커머스는 판매자가 수수료에 관한 부담이 크지 않고 생산자가 판매 방송으로 직거래를 할 수 있기에 가격이 대부분 저렴하다.

화려한 조명과 배경으로 꾸며진 전문 스튜디오에서 8등신 모델이나 전문 쇼호스트가 착용하고 보여주는 옷이 아니라 어디서든 볼 수 있고 나와 별반 다르지 않는 현실적인 몸매의 셀러가 직접 입어 보여주는 옷이기에 상품을 배송받고 나서도 실제 모습에 실망할 일이 거의 없다.

먹거리는 또 어떤가? TV홈쇼핑 특성상 먹거리 상품은 대부분 대용량으로 판매되는데 냉동실이 터져라 밀어도 넣을 공간이 없어 결국 주변 지인들에게 자의 반 타의 반 인심을 베풀 필요 없이 내가 원하는 양만큼만 살 수 있어 좋다. 내가 다 먹지도 쓰지도 못할 걸 여러 세트로 한꺼번에 살 필요가 없으니 한꺼번에 목돈이 나가지도 않는다. 박스째 산 사과는 직접 농사지은 농부가 직거래로 판매하니 훨씬 믿음이 가고 가격도 싸다.

단맛을 그다지 좋아하지 않는 내가 셀러에게 댓글로 꼬치꼬치 "달아요?" "달기가 어느 정도예요?"라고 물어서 산 불고기도 배송 후 먹어보면 방송 때 설명한 것과 같이 많이 달지 않고 딱 맛있다. 내가 궁금한 점을 하나하나 물어보고 내 취향에 맞는지 판단한 후에 구매를 결정할 수 있으니 배송 후에도 만족도가 높아 반품이나 환불할 일이 거의 없다.

요즘은 라이브 커머스에서도 호텔 숙박 패키지나 펜션 숙박 상품을 종종 보게 된다. TV홈쇼핑에서는 미리 촬영해 편집한 영상에 직접 현장에 다녀온 쇼호스트가 화면에 맞추어 설명하며 최대한 생생하게 후기를 전달하려고 한다.

하지만 라이브 커머스 판매 방송에서는 셀러가 그 호텔에 직접 가서 실시간으로 판매 방송을 한다. TV홈쇼핑처럼 거창한 장비는 아니지만 모바일이라는 편의성을 활용하여 시청자들에게 어려움 없이 현장의 모습을 즉각적으로 보여준다. 댓글로 "욕실 좀 보여주세요" 하면 바로 욕실로 가서 욕실을 낱낱이 보여주고 "바깥 뷰 좀 보여주세요" 하면 편집 없는 리얼 그대로의 뷰를 보여준다. 그

동안 보정된 사진과 편집된 영상을 보고 기대에 부풀어 예약했다가 실제로는 실망한 경험이 있는 사람에게 라이브 커머스는 훨씬 안전하고 믿을 수 있는 쇼핑 창구가 되었다.

중국의 사례를 하나 들어보겠다. 중국의 유명 온라인 쇼핑몰인 '타오바오'의 생방송에서 중국의 농민 란전유 씨가 차 예약 판매를 시작했다. 온라인 쇼핑으로 차를 팔게 된 이유는 코로나19로 사는 지역 전역이 봉쇄되고 관광객뿐 아니라 바이어 방문까지 끊기면서 수입에 직격탄을 맞았기 때문이다.

란전유 씨는 새벽에 찻잎을 수확해 상품으로 포장해 구매자에게 발송하는 오후 11시까지의 전 과정을 타오바오로 생중계했다. 그는 직접 수확한 찻잎을 보여주며 비록 서툴지만 차의 향과 맛, 차의 유래, 마시는 방법까지 농부의 화법으로 상세하게 설명해주었다. 그 결과 어떤 일이 벌어졌을까?

매일 평균 1만 위안(한화 약 190만 원) 어치의 차가 팔렸고 어떨 때는 3만 위안(한화 약 580만 원)이 넘을 때도 있는 등 라이브 커머스 판매 방송 한 달 만에 하루 평균 매출액이 11년 동안 가게에서 판매했던 하루 매출과 비슷하게 되었다고 한다.

란전유 씨는 전문 셀러가 아니다. 평생 농촌에서 농사를 짓던 평범한 농부이다. 화려한 외모와 언변, 판매 테크닉, 대단한 장비나 스튜디오가 있는 것도 아니고 월세를 내거나 종업원을 고용해 인건비를 들이는 것도 아니면서 이런 성공을 거둔 것이다. 중국의 이야기이긴 하지만 농민들과 소상공인들이 왜 라이브 커머스를 해야 하는지를 잘 보여주는 사례이다.

시진핑 국가 주석이 중국 농촌 어느 마을에서 라이브 커머스로 이 지역 특산물인 목이버섯을 판매한 것은 유명한 일화이다. 이때 2천 2백만 명이 접속했고 12만 2천 톤이 완판되었는데 이 판매량은 지난 4개월 동안의 판매량과 비슷하다고 한다.

중국은 국가 원수까지 나서서 라이브 커머스를 홍보하고 있고 중국 전역에서도 수백 명의 지방 간부들이 라이브 커머스 판매 방송 셀러로 참여해 지역 특산물을 판매할 정도로 라이브 커머스가 일반화되어 있다.

우리나라도 요즘 지자체에서 간부들이 직접 판매 방송에 출연해 지역 특산물을 파는 경우를 종종 보게 된다. 우리나라의 라이브 커머스가 중국과 비교하면 5년 늦게 시작되기는 했지만 인구 비례 발전 속도로 보면 중국 못지않다고 본다. 심지어 호떡이나 전병 같은 길거리 음식을 파는 노점상들이나 영세업자들도 라이브 커머스 판매 방송으로 실시간 소통하며 장사하는 중국처럼 우리나라도 그렇게 될 날이 머지않았다고 생각한다.

# 라이브 커머스,
# 이제는 선택이 아닌 필수

2021년 4월 한국건강기능식품협회가 회원사 마케팅 담당자들을 대상으로 한 설문 조사에서 '새롭게 공략해야 하는 유통 채널'로 라이브 커머스를 1위로 꼽았다. 라이브 커머스는 비단 건강 기능 식품 업계뿐만 아니라 코로나19 팬데믹을 계기로 전 산업 분야에 걸쳐 새로운 기회로 부상하고 있는 것이 현실이다. 재미있는 점은 유통사들의 관심이 TV홈쇼핑에서 라이브 커머스로 옮겨가고 있다는 것이다. 그럼 먼저 이 둘을 다시 한번 비교해보자.

라이브 커머스가 수면 위로 떠오른 2020년 초반만 해도 각종 언론이나 업계 관계자가 대중에게 라이브 커머스를 설명할 때

"TV홈쇼핑을 모바일로 옮겨놓은 것이다"라고 표현했었다. 하지만 시간이 흐르면서 언론과 업계 관계자는 물론 많은 사람이 라이브 커머스와 TV홈쇼핑이 비슷한 점도 물론 있지만 다른 점이 훨씬 많음을 체감하게 되었다.

기존의 TV홈쇼핑이 50대 이상의 불특정 다수 시청자를 대상으로 대량 판매가 목적이라면, 라이브 커머스는 정확하게 타겟팅된 20~40대 고객이 대상이다. 1시간에 수천수만 개의 상품을 판매하는 TV홈쇼핑과 비교하면 라이브 커머스의 매출 규모는 아직 현저하게 적다고 할 수 있다.

하지만 TV홈쇼핑에 입점한 업체는 협력 업체의 포지션으로 판매 수수료의 30~40%를 홈쇼핑 회사에 지급하지만 라이브 커머스는 통신판매 중개자인 플랫폼 회사와는 별개로 판매의 주체자가 되며 수수료는 플랫폼에 따라 0~20%대 수준이다.

TV홈쇼핑은 담당 MD를 만나는 과정부터 쉽지 않다. 어찌어찌 미팅을 통해 담당 MD에게 상품의 가능성을 인정받아 방송할 수 있게 된다 해도 한두 번 방송할 재고를 미리 준비해야 비로소 방송할 수 있다. 그래서 웬만큼 자금력이 있지 않으면 감히 도전할 수 없는 높은 벽이 존재한다.

반면 라이브 커머스는 누구나 마음만 먹으면 판매 방송을 할 수 있고 TV홈쇼핑만큼 대량 구매가 일어나지 않기에 재고를 미리 대량으로 생산해 놓아야 한다는 부담이 없다.

예를 들어, TV홈쇼핑 판매 방송을 위해 김치를 예상 판매 수량인 만 세트 정도 미리 만들어 놓았다고 치자. 그런데 기대와 달리 방송에서 3,000세트만 판매되었다면 나머지 7,000세트는 재고로 남는다. 운 좋게 TV홈쇼핑 측에서 다시 방송 편성을 해준다면 남은 재고를 팔 수도 있겠지만 만약 더는 방송 기회가 없다면 판매사가 고스란히 7,000세트를 떠안아야 하는 위험 부담이 생긴다.

반면에 라이브 커머스는 TV홈쇼핑만큼의 폭발력은 없지만 가랑비에 옷 젖듯 매일 100세트 혹은 200세트씩 나누어 팔 수 있기에 위험 부담이 훨씬 적다.

TV홈쇼핑은 홈쇼핑 회사에서 정해준 편성 시간에 제한된 전용 스튜디오에서 방송해야 하지만 라이브 커머스는 일부 플랫폼을 제외하면 대부분 시간도 장소도 제약이 없다. 하루에 몇 번이든 일주일에 몇 번이든 방송해도 상관없고 장소 역시 사무실이나 집 혹은 전용 스튜디오 등 판매자가 원하는 곳에서 원하는 시간에 방송할 수 있다.

상품을 판매하는 셀러라면 TV홈쇼핑에서는 전문적으로 판매 방송 교육을 받은 전속 쇼호스트가 일반적으로 출연하지만 라이브 커머스는 판매자 본인이나 업체 직원, 가족 또는 인플루언서나 전문 쇼호스트 등 상황에 맞게 셀러를 정하면 된다.

최근 들어 TV 홈쇼핑도 쌍방향을 지향하는 분위기이긴 하지만 여전히 1대 다수인 단방향적인 특성이라 쇼호스트는 고객의 반응을 주문 콜 수를 통해 짐작할 뿐 직접적인 고객의 니즈를 파악하기가 어렵다. 시청자 입장에서도 궁금한 점이 있을 때는 주로 콜 센터를 통해 해결해야 한다.

하지만 라이브 커머스는 댓글 소통을 통한 완벽한 쌍방향으로 댓글을 통해 질문하면 셀러의 대답 또는 관리자의 댓글로 궁금증을 바로 해결할 수 있는 즉시성이 보장된다. 그리고 TV 홈쇼핑과 라이브 커머스 모두 표시 광고법에 적용받긴 하지만 TV 홈쇼핑은 방송의 영역이라 콘텐츠 심의가 엄격하다.

반면 라이브 커머스는 방송이 아닌 통신 영역으로 분류된다. 그래서 TV 홈쇼핑과 비슷한 규제 기준이 적용되는 건강 기능 식품, 이미용 상품 등을 제외하면 TV 홈쇼핑과 비교했을 때 콘텐츠 심의가 상대적으로 자유로운 편이다.

라이브 커머스를 어떻게 표현하면 좋을까 고민하다 문득 올림픽 대로에서 운전하던 중에 이런 생각을 했던 적이 있다. 내 앞을 스쳐 지나가는 잘 빠진 중형 세단을 보며 '안락한 승차감, 멋진 외관, 고속도로에서도 쌩쌩 속도를 높여 달릴 수 있는 주행 능력이 장점이긴 한데, 값이 비싸고 기름값, 수리비 등의 유지, 관리 비용이 만만치 않으면서 주차도 조심스러운 점에선 중형 세단이 마치 홈쇼핑이랑 비슷하네.'

그리고 백미러로 보이는 뒤에서 달려오는 경차를 보면서는 '외관은 그다지 폼 나진 않고 중형 세단 같은 안락한 승차감도 없고 고속도로에서 속도 내기가 조심스럽긴 하지만 값이 저렴하고 주유비, 수리비도 부담 없으면서 어디든 주차도 자유롭고 주차비 혜택, 세금 혜택도 있어 누구나 만만하게 몰고 다닐 수 있는 경차는 라이브 커머스와 비슷한 것 같군.'

돌이켜 생각해보아도 엉뚱한 듯 하지만, 판매자의 입장에서 TV 홈쇼핑과 라이브 커머스를 비교하기에는 꽤 적절한 비유가 아닌가 싶다.

지금까지 TV 홈쇼핑과 라이브 커머스의 특징을 비교해 보았다. 이를 통해 라이브 커머스는 TV 홈쇼핑보다 확실히 저렴한 수수료와 낮은 진입장벽, 시간과 장소의 제약을 받지 않는 것, 판매자의 자유로운 기획, 홈쇼핑보다 자유로운 상품 설명과 저비용이라는 장점이 있다고 정리할 수 있을 듯하다.

그러니 그 짧은 시간 동안 폭풍 성장하여 우리나라 라이브 커머스 시장 규모가 2020년에는 3조, 2022년에는 6조를 너머 2023년에는 10조 시장을 내다보는 것이다.

이 대목에서 '너도나도 다 뛰어들었고 할 사람은 이미 다 하는데… 이제 시작하면 늦지 않았을까?' 하는 생각을 할 수도 있다. 그렇다면 이 이야기를 해주고 싶다. 우리나라 이커머스Electronic Commerce, 온라인 쇼핑 전체 시장에서 현재 라이브 커머스가 차지하는 비율은 얼마나 될까? 강의에서 이 질문을 하면 대부분 사람이 "20%? 30%?"라고 대답한다.

그런데 놀라지 마시라. 우리나라 라이브 커머스는 전체 이커머스 시장에서 이제 막 2% 정도의 비율을 차지하는 수준이다. 이 수치로 본다면 아직도 라이브 커머스 시장은 성장과 발전 가능성이 엄청나게 큰 시장이고, 가져갈 수 있는 파이는 여전히 많이 남았다고 할 수 있다.

이런 데도 아직 라이브 커머스를 할까 말까 생각만 하고 도전하지 않는 사람이 있는가? 좋은 상품을 생산하고 있으면 무엇 하나? 판매 본능과 소통의 끼가 충만하면 무엇 하나? 매일 밤 잠자리에 누워 생각만으로는 빌딩도 짓고 성도 쌓을 수 있다. 하지만 실행하지 않는 계획과 꿈은 상상일 뿐이다. 지금 벽돌 하나 쌓는 것부터가 빌딩을 올리고 성을 세우는 시작이다.

내게 라이브 커머스 교육을 받고 본인들의 상품을 라이브 커머스로 직접 판매하기 시작한 내 교육생 중에는 지금까지 SNS를 단 한 번도 해보지 않은 사람도 꽤 있고, 카메라 앞에서 말을 해본 적은 더더욱 없는 분도 많다. 그러다 보니 첫 수업 때 너무 긴장되고 쑥스러워 입이 바짝바짝 마르고 목소리가 점점 작아지느라 본인 소개조차 제대로 하지 못하셨던 분이 대부분이었다.

이분들은 첫 라이브 데뷔 방송에서 "낯가림이 심한 제가 라이브 커머스를 하게 되리라고 꿈에도 생각하지 못했는데, 저도 할 수 있다는 자신감이 생겼어요. 정말 감사합니다"라고 진심을 담아 인사하신다. 물론 짧은 기간 내에 집중적인 훈련과 동기부여를 하여 라이브 커머스 셀러로 데뷔시킬 수 있었던 내 노하우도 분명히 있었겠지만 나는 진심으로 이분들의 용기와 노력이 이룬 결과라고 확신한다.

신생아가 혼자서 뒤집고 나중에 짚고 일어나서 한 발자국씩 발을 떼다가 걷게 되고 걷다가 뛰는 게 성장의 과정이다. 이분들의 성장 과정을 신생아에 비유한다면 누워만 있던 아기가 중간 과정 없이 갑자기 일어나서 걷게 된 것이다. 당연히 그 걸음은 비틀비틀하고 불안정하다. 하지만 일단 시작을 했고, 할 수 있다는 자신감을 얻었고, 그다음부터는 계속 라이브 방송을 하면서 본인이 몸소 경험하며 깨우치는 일만 남았다.

여러분이 망설이며 시간을 흘려보내는 동안 이제 막 시작한 이분들은 비틀비틀 걷는 시기를 지나 조금만 있으면 거침없이 쌩쌩 달리게 될 것이다. 시작이 반이다. 흔하지만 반박할 수 없이 100% 진리인 이 명언은 라이브 커머스 시작을 망설이는 분들에게도 꼭 해주고 싶은 말이다.

라이브 커머스를 언제 시작하는 게 가장 적기이냐고 물으신다면 늘 내 대답은 오늘, 바로 지금이다. 시작하면 이미 반을 했다. 하루라도 먼저 용기 내서 시작해보시라.

# 라이브 커머스만 하면
# 무조건 대박이 날까?

라이브 커머스 시장이 갈수록 커지면서 많은 온라인 유통 종사자와 영상 제작 업체도 라이브 커머스 사업에 뛰어들었고 이제는 외모와 말솜씨를 장착한 아나운서, 승무원, 강사 등도 라이브 커머스 셀러로 활동하기 시작했다.

심지어 TV홈쇼핑에서 능력을 인정받고 있던 많은 내 쇼호스트 후배들도 대기업 쇼호스트라는 타이틀을 벗어던지고 라이브 커머스 쪽으로 선회했고 많은 직장인이나 가정주부도 라이브 커머스 셀러의 꿈을 키우며 관련 아카데미에 등록하고 카메라 앞에 서기 시작했다.

라이브 커머스가 누구나 셀러가 될 수 있는 문턱을 낮추어준 것은 분명하다. 하지만 어느 순간부터 공급이 수요를 앞지르다 보니 판매 방송 기회를 얻고 싶은 예비 셀러에게 열정 페이만 주려는 판매사와 제작 대행사도 많아졌다.

그들 또한 너무나 많은 영상 제작사와 대행사가 라이브 커머스 시장에 뛰어들었다 보니 서로 클라이언트를 유치하기 위해 점점 더 제작 비용을 낮추고 본인들의 포트폴리오를 위해 손해를 감수 하면서까지 대행을 해주기에 어쩔 수 없다고 말한다.

판매사의 입장은 어떤가? 라이브 커머스만 하면 당장이라도 큰 돈을 벌 수 있을 거라는 들뜬 마음으로, 홈쇼핑 입점은 못했지만 라이브 커머스에서는 한 시간에 몇천, 몇억을 벌 수 있다는 홍보 문구에 희망을 품고 고가의 방송 제작 비용을 내면서 제작 대행 사에게 방송을 맡기는 곳도 많을 듯하다.

안타깝게도 이 모든 것이 현실보다 부풀리고 과열된 라이브 커 머스 시장의 과도기적 모습이다. 누군가는 라이브 커머스 1시간 판매 방송으로 매출이 1억이 넘었다더라, 어디서는 10분 만에 모 든 상품이 완판되었다더라, 어느 셀러는 수천만 원의 월 출연료를 받았다더라 등 검증되지 않은 카더라 식 라이브 커머스 뒷이야기 또한 많이 듣게 된다.

라이브 커머스 관련 홍보 영상이나 SNS 광고를 보면 라이브 커머스만 하면 누구나 매달 순수익으로 월 1,000만 원은 쉽게 벌 수 있을 듯 보이는 경우가 많다. 이러한 광고가 사람들의 관심을 끌기 위해서라면 마케팅적으로 분명 필요할 수도 있긴 하다. 하지만 그런 홍보 문구에 끌려 제대로 알아보지도 않고 무턱대고 라이브 커머스 판매 방송을 시도했다면 100% 실망할 확률이 높다.

지금까지 나는 탄탄한 중견 기업이나 대기업 외에 개인 또는 소상공인이 라이브 커머스 판매 방송으로 월 1,000만 원 이상의 순수익을 올린 경우를 극소수 빼고는 거의 본 적이 없다. 전반적으로 보았을 때 그 정도의 수익을 내는 일은 결코 쉽지 않다. 그래서 투자한 제작비용만큼 수익이 나지 않아 크게 낙담해 향후 방향에 대해 고민하는 업체도 적지 않은 상황이다.

그리고 매출과 수익은 완전히 별개임을 알아야 한다. 이미 인지도가 높고 가격 또한 좋은 브랜드 제품을 유명 인플루언서가 라이브 커머스 판매 방송으로 파격가에 판매한다면 매출 1억도 얼마든지 할 수 있다. 하지만 순수익은 다르다.

예를 들어보겠다. 최근 임대한 지하상가 옷 가게에서 라이브 커머스 판매 방송으로 옷을 팔면서 라이브 커머스에 재미를 느끼기 시작한 P님은 "어디서 라이브 커머스로 1시간 동안 매출이 1억이 나왔다더라" 하는 소리를 듣게 되자 부러움을 넘어 허탈함에 한숨이 나온다고 말했다. 자신은 온종일 몇 시간씩 방송해도 고작 몇 벌밖에 팔지 못하는데 나는 언제 라이브 커머스로 1시간에 1억을 벌어볼지 생각하면 그들이 결코 넘지 못할 커다란 벽처럼 느껴지기 때문이다.

그런데 여기서 P님이 알아야 할 점이 있다. 거듭 말하지만 매출과 순수익은 아예 다른 개념이다. 예를 들어, 200만 원 정도 하는 노트북을 대형 라이브 커머스 플랫폼에서 마케팅 비용을 쏟아부어 50명에게 특가로 판매하면 매출은 1억이 나온다. 반면 지하상가 옷 가게에서 3만 원짜리 맨투맨 티를 50명에게 1장씩 팔면 150만 원의 매출이 나온다.

이 둘을 놓고 비교했을 때 맨투맨 티를 판 수익은 노트북을 판 수익에 비해 100분의 1 정도밖에 내지 못한 걸까? 그렇지 않다. 매출 규모는 비교 불가로 노트북이 높지만 순수익으로 보았을 때 옷 가게에서 1시간에 150만 원을 팔았다는 건 원가를 제하고 한 달 월세 정도를 1시간 안에 번 엄청난 결과이다.

또 다른 예로, 만두로 유명한 대기업이 대형 플랫폼에서 2+1 행사를 하기 위해 사전 마케팅으로 기존 고객에게 적극적으로 홍보 DM을 보내며 달성한 매출을 동네 만두 가게에서 따라갈 수 있을까? 절대 못 따라간다.

이 두 가지 예를 든 이유는 판매 방송에서 매출액이 높으면 순수익도 높을 수는 있지만 매출이 순수익과 항상 비례하지는 않는다는 이야기를 하고 싶어서이다. 대기업이나 브랜드 회사에서는 당장의 이익보다 가시적인 매출 사이즈를 키우기 위해 공격적인 마케팅을 하는 경우가 많다.

현재 매스컴에서 떠들썩하게 조명되는 라이브 커머스 성공 사례에서도 매출액과 뷰 수는 공개되어도 순수익에 관한 정보는 공개하지 않는 이유도 여기에 있다고 보면 된다. 즉, 소상공인들이 본인의 매출액과 대기업 혹은 브랜드 회사의 매출액을 비교하는 건 본인 힘만 빠질 뿐 아무 의미가 없다는 이야기다.

지금은 대형 온라인 기업뿐 아니라 메이저 TV홈쇼핑 회사, 백화점, 양판점, 브랜드 회사 등 오프라인 기업들도 너 나 할 것 없이 라이브 커머스에 뛰어들고 있지만 이 중에도 실속 있는 순수익을 올려 대박을 치는 이는 아직 그렇게 많지 않다.

그런데도 회사의 신규 사업 목표로 라이브 커머스를 강화하여 전담 인력을 보강하고 예산을 늘리는 이유는 앞으로 몇 년 후면 10~25조 이상이 될 이 시장의 파이를 더 많이 차지하기 위한 전략이기 때문이다. 그래서 신상품을 출시하면서 마케팅 계획을 세울 때 라이브 커머스도 꼭 넣는 추세이다.

게다가 라이브 커머스로 홍보하면 단순히 홍보에만 그치지 않고 상품을 판매해 제작비를 만회할 만한 매출을 낼 수도 있기에 큰 부담없이 마케팅하기 좋다는 장점도 있다.

그리고 꼭 매출이 일어나지 않더라도 신규 브랜드를 알릴 목적으로 지속해서 라이브 커머스를 하는 기업도 늘고 있다. 특히 라이브 커머스 판매 방송은 신상품에 대한 대중의 반응을 바로 확인할 수 있는 즉시성이 있기에 마케팅 단계에서 유용하게 활용될 수 있다. 이러한 기업들은 당장의 이익을 기대하기보다는 마케팅 효과를 우선으로 생각하고 기업의 데이터를 확보하는 차원에서 라이브 커머스를 진행하는 셈이다.

이렇게 단기적인 수익에 연연하지 않고 장기적인 측면에서 라이브 커머스 시장을 먼저 선점하기 위해 지금 돈과 시간을 투자하기도 한다. 지금은 상품을 알리거나 조회 수를 높여서 이슈를 만드는 게 더 중요할 수도 있다.

하지만 이만큼 비용도, 인력도, 자원도 쓸 수 없는 개인이나 소상공인들은 어떻게 하는 것이 좋을까? 우선 라이브 커머스 판매 방송에서 매출이 예상보다 나오지 않았다고 해서 실망하거나 좌절하지 않았으면 좋겠다.

〈PART 3. 라이브 커머스에 성공적으로 안착한 & 할 사람들〉에서 소개한 사람들이 그런데도 당신이 왜 라이브 커머스를 해야 하는지 그 이유를 말해줄 것이다. 시동을 걸자마자 하늘로 날아오르는 비행기는 없다. 더 높이, 더 멀리 날고 싶다면 활주로를 달리는데 집중하는 시간도 꼭 필요하다. 라이브 커머스 역시 마찬가지이다. 라이브 커머스 셀러로 성공하고 싶다면 꾸준한 노력에 들여야 하는 시간은 필수임을 꼭 말해주고 싶다.

# 아직도 긴장과 울렁증을 말하는 당신에게

『라이브 커머스 성공 전략』을 출간한 지 얼마 되지 않아 어느 지자체의 초대를 받아 농민들을 대상으로 6시간 동안 라이브 커머스 교육을 한 적이 있다.

주최 측에 따르면 이곳에 참석한 농민들은 그 지역 농민 중에서도 스마트 스토어, SNS 활용 등 정보화 능력이 상당히 뛰어나고 특수 작물 위주로 끊임없이 공부하며 재배 기술을 업그레이드하고 있는 우리나라 농업의 주춧돌인 분들이라고 한다.

그러한 이야기를 들으니 이분들에게 큰 기대가 생겼다. 교육이 끝나면 바로 라이브 커머스 판매 방송으로 본인들이 직접 수확한 농산물을 판매하실 수 있기를 바라는 마음으로 6시간 동안 라이브 커머스의 전반적인 시장 흐름과 트렌드, 방송 기획 방법, 상품 구성과 콘셉트 잡기, 판매 전략, 설득의 방법, 촬영 방법, 촬영 장비 사용 및 세팅 방법, 심지어 실습까지 내가 알고 경험한 모든 내용을 탈탈 털고 젖 먹던 힘까지 끌어내어 열심히 교육했다.

우리나라 농업의 주춧돌답게 졸거나 지루해하는 분 없이 6시간 동안 교육 분위기가 내내 좋았다. 식사 후에는 졸릴 만도 한데 여전히 열정적으로 강의 내용을 받아 적고 강의하는 모습을 사진으로 찍는 등 적극적으로 참여하셨다.

이런 분위기에서는 무리하다 나중에 쓰러지더라도 당장은 신이 나서 교육하는 데 힘든 줄도 모른다. 이분들에게 무언가 의미 있는 교육을 했다고 생각하니 새벽부터 KTX를 타고 온 보람도 느껴졌고 앞으로 이분들이 오늘 배운 내용을 바탕 삼아 얼마나 멋진 농민 셀러가 될지 기대하니 가슴이 뿌듯했다.

준비한 강의가 끝난 후 질의응답 시간이 되었다. 강의 후 교육생들이 어떤 질문을 하느냐에 따라 교육생들에게 강의 내용이 얼마나 잘 임팩트 있게 전달되었는지 가늠할 수가 있다. 그런데 6시간 강의 후에 내가 받은 첫 질문은 이거였다.

"선생님, 휴대폰 카메라를 후면에서 전면(셀카 기능)으로 바꾸려면 어떻게 해야 하나요?"

갑자기 내 머리 위로 참새 여러 마리가 지나가는 기분이 들었다. 휴대전화 카메라로 다른 사람이나 사물은 촬영해 보았지만 본인 얼굴은 스스로 촬영한 적이 없다고 했다. '그래, 그럴 수 있지' 하고 다음 질문을 받았다. 하지만 다음 질문 내용이었던 카메라 울렁증에 관해 듣자 그제야 '아차' 싶었다.

"쌤요~ 카메라 앞에서 막 긴장되고 떨리는데 어떻게 방송으로 물건을 팔겠는교?"

내 의욕이 너무 앞선 나머지 가장 기본적인 내용은 건너뛰고 혼자 너무 멀리 갔던 것이었다. 아직 구구단도 모르는 학생에게 미적분과 함수를 가르친 후 수능 문제를 풀어보라고 한 것이나 마찬가지였다. 이분들이 농업 분야에서는 상위 1%이지만 라이브 커머스 판매 방송에서는 완전 초보자라는 사실을 내가 간과한 것이다.

요즘 젊은 사람들은 수시로 휴대전화 카메라로 사진을 찍고 영상을 촬영하고 라이브 방송도 하는 등 카메라와 아주 친하다. 하지만 웬만한 기성세대들은 자신의 결혼식 이후로는 본인의 모습을 촬영한 영상을 보거나 직접 영상을 촬영해본 사람이 많지는 않을 텐데 특히 농사짓는 분들이라면 더더욱 그럴 것이다.

상품 판매를 잘하고 못하고를 떠나 일단 카메라 앞에서 그것도 라이브로 방송을 한다는 건 평범하게 생업을 이어가던 분들에게는 이만저만 부담스럽고 떨리는 일이 아닐 수가 없다.

이런 울렁증에 관한 질문은 그 이후 다른 곳에 강연하러 갈 때마다 늘 나오는 대표적인 질문이 되었고 질문을 받을 때마다 카메라 울렁증이 라이브 커머스를 준비하는 분들에게 보기보다 큰 허들이라고 생각했다.

우리가 카메라 앞에서 긴장되고 떨리고 초조해지는 이유는 머릿속으로 방송하는 본인의 모습을 자꾸 떠올리기 때문이다. 말문이 막히지는 않을지, 실수하지는 않을지, 얼굴이 이상하게 보이면 어떡하지 등 지나친 걱정과 지레짐작 때문에 카메라 보기가 두려워지는 것이다.

카메라 울렁증에 내가 제안하는 최선의 솔루션은 "자꾸 해봐야 울렁증도 사라진다!"이다. 첫 책 『라이브 커머스 성공 전략』에서도 다루었듯이 수백 명, 수천 명이 보고 있는 거창한 방송이 아닌 친한 지인 한두 명에게 내가 아는 걸 알려주어야겠다 싶은 마음 정도면 충분하다.

하나 더, 정말 잘하고 싶은 마음은 알겠지만 일단 그 마음도 잠시 내려놓자. 방송 전 충분히 준비하고 연습하되 방송이 시작되면 절대 실수하지 않고 완벽하게 해내리라는 마음만 내려놓아도 오히려 부담 없이 자연스럽게 잘할 수 있다.

설령 하다가 말문 좀 막히고 실수 좀 하면 어떤가? 지상파 뉴스도 아니고 수십만 명이 지켜보는 텔레비전 방송도 아닌데! 내일 그리고 그 다음날, 또 그 다음날 도전해서 점점 더 잘하면 된다.

마지막으로 내가 좋아하는 작가인 세스 고딘Seth Godin의 말을 인용한다. 이 책 『오늘 방송도 완판!』을 읽으며 아직도 라이브 커머스 도전에 망설이는 사람이 있다면 세계에서 가장 영향력 있는 마케팅 구루인 세스 고딘의 말이 좋은 자극이 되기를 바란다.

"사실 괴로움은 실패가 아니라 두려움 때문에 온다. 피곤하고 다리가 뻐근해지는 게 싫은 사람은 마라톤에 도전할 수는 없다. 뛰어난 마라톤 선수는 뛰는 내내 기진맥진하지 않을 방법은 터득하지 못하더라도 온몸의 힘이 빠졌을 때 어떻게 대처해야 하는지는 잘 안다. 극도로 지치고 피곤한 상태를 기꺼이 대면하겠다는 의지가 없다면 장거리 달리기에 나설 수 없다."

# 경험이
# 최고의 데이러

코로나19로 두각을 드러낸 라이브 커머스가 온라인 유통에 새로운 화두로 떠오른 지 이제 2년이 넘어가고 있다. 그 짧은 시간 동안 20권이 넘는 라이브 커머스 관련 도서가 출간되었고 수많은 라이브 커머스 셀러가 탄생했으며 무수히 많은 대행업체와 아카데미가 생겨났다.

메이저 TV홈쇼핑이라는 든든한 울타리를 박차고 나와 라이브 커머스 시장으로 뛰어든 쇼호스트도 늘었고 여기저기서 자칭 타칭 라이브 커머스 전문가라고 하는 사람들도 이제는 셀 수 없을 정도가 되었다.

하지만 그 누구도 "라이브 커머스는 이렇게 해야 한다!"라는 정답을 내기는 어렵다. 비대면 시대의 새로운 트렌드이자 향후 몇 년 안에 더욱더 엄청나게 성장하리라고 예측은 하지만 성공의 지름길을 시원하게 제시해 줄 수 있는 단계는 아니다.

그리고 아무리 시간이 흐른다고 하더라도 1인 방송 성격이 강한 라이브 커머스의 방송 스타일이나 디테일로는 누구에게나 적용되는 정답을 찾는다는 것 자체가 무리일 수도 있다. 여러 방식이 다양하게 시도되면서 데이터가 쌓일 때까지는 지금처럼 많은 시행착오가 존재할 수밖에 없다.

나는 라이브 커머스의 지금 이 시기가 초창기 TV홈쇼핑 상황과 크게 다르지 않다고 생각한다. 업계 관계자가 아니면 잘 모르는 TV홈쇼핑의 비하인드가 있다. 일반적으로 TV홈쇼핑 방송은 짧게는 5~6분, 길게는 15~20분 정도 쇼호스트가 상품 설명을 진행했다면 다음으로 일정 시간 동안 쇼호스트의 모습은 방송에 나오지 않은 채 경쾌한 음악과 상품의 모습만 계속 보여준다.

그러다 다시 쇼호스트가 등장해 상품에 관해 설명하고, 설명이 끝나면 또 음악과 상품만 나오는 이러한 패턴이 몇 회 반복되며 1시간이 채워진다. TV홈쇼핑 회사가 어디든, 쇼호스트가 누구든 이 불문율은 깨지지 않고 오랜 세월 지켜지고 있다. 이 공식은 언제, 누가, 왜, 어떻게 만들어졌을까?

사실 초기 TV홈쇼핑 판매 방송에서는 중간에 끊어짐 없이 1시간 동안 쇼호스트가 계속 상품에 관해 설명했다고 한다. 하지만 1시간 내내 쇼호스트가 쉬지 않고 열심히 설명해도 몇 개 팔리지 않았고 아예 단 1개도 팔리지 않는 방송도 많았다고 한다.

그러던 어느 날 판매 방송 중 열심히 멘트를 하던 쇼호스트의 목소리가 몇 분간 하나도 송출되지 않는 오디오 사고가 났다. 오직 쇼호스트의 멘트에만 의존하며 방송했던 그 당시에는 정말 엄청난 방송 사고인 셈이다.

그런데 너무나 놀라운 일이 벌어졌다. 오디오 사고로 쇼호스트의 목소리가 딱 끊어지자 갑자기 전화 주문량이 폭주하기 시작한 것이다. 그렇게 팔려고 애를 써도 팔리지 않았는데 쇼호스트의 목소리가 끊어지자마자 주문이 몰렸던 이유가 뭘까?

바로 시청자들이 계속 쇼호스트의 말을 듣느라 상품을 주문하지 못했던 것이다. 그 뒤로 진행된 판매 방송에서도 쇼호스트가 멘트를 정리한 후 일부러 일정 시간 시청자가 전화 주문을 할 수 있는 시간을 주는 방식으로 진행되었는데 역시 쇼호스트의 멘트가 끝난 시점에 맞추어 주문량이 몰리게 되자 그 이후부터는 모든 방송이 이러한 '설명 → 주문 타임 → 설명 → 주문 타임 → 설명'의 포맷으로 지금까지 이어지고 있다. 시청자에게는 설명을 들은 후 주문할 시간이 필요함을 경험을 통해 알게 된 사례이다.

이렇게 TV홈쇼핑은 1995년 출범 이후 많은 경험과 시행착오를 겪으며 어떻게 하면 시청자 반응과 매출을 끌어낼 수 있는지에 관한 경험과 데이터를 쌓아 왔다. 반면 라이브 커머스는 이제 수면 위로 올라온 지 기껏해야 2년여 밖에 되지 않는 상황이라 데이터가 많지 않고 그 또한 정확하다고 보기도 어렵다.

다만 그간의 짧은 역사 속에서 지금까지의 공통적인 데이터로는 신선 식품은 생산자가 산지에서 직접 (혹은 전문 셀러와 함께) 라이브 커머스 판매 방송을 하며 산지 직거래라 가격이 저렴하고 신선하다는 것을 장점으로 내세우면 매출이 좋다.

가공 식품은 단순히 상품을 설명하며 판매하는 것으로는 시청자의 반응을 끌어내기 어렵고 시청자와의 소통과 공감, 재미 요소를 더했을 때 시청률도 높고 반응 역시 좋은 편이다. 그래서 요즘은 개그맨이나 예능감이 좋은 셀러가 출연해 판매 방송과 예능 방송을 접한 기획과 콘셉트로 좋은 반응을 얻고 있는 추세이다.

건강 식품 또는 건강 기능 식품은 TV홈쇼핑만큼 라이브 커머스 역시 규제가 까다로워지면서 방송 진입 장벽이 높아졌다. 식품 표시광고법에 위반되지 않도록 과장이나 허위가 없는 선에서 속된 말로 줄타기를 잘하며 상품 정보를 제대로 정확하게 설명해주는 것이 관건이다. 그래서 장기간 교육을 통해 심의 규정 준수가 몸에 자연스럽게 배어 있는 TV홈쇼핑 쇼호스트 출신 셀러들이 방송하면 진행도 원활하고 매출도 잘 나온다.

패션 의류 상품은 비주얼이 좋은 셀럽이나 패션 전문가<sup>쇼호스트, 매장 숍마스터, 브랜드 MD 등</sup>가 출연하거나 1인 셀러라도 즉석에서 고객이 원하는 대로 판매하는 옷을 입어보거나 다양한 코디 방법을 제시하는 방송이 좋은 반응을 얻고 있다.

화장품 및 이미용 상품은 TV홈쇼핑과 마찬가지로 믿을 수 있는 업계 전문가<sup>뷰티 크리에이터, 브랜드 MD, 셀럽 등</sup>가 출연하여 시청자에게 신뢰감을 주면서 방송하면 시청자의 집중도를 높일 수 있고 이것이 매출로 연결된다.

라이브 커머스는 앞에서도 언급했듯이 편리하고 접근성 높은 모바일 기반에 정해진 방송 스타일이나 출연진의 제약이 거의 없는 데다 변화의 흐름에도 빠르게 대응할 수 있는 유동적인 방송이기 때문에 앞으로 또 어떻게 진화하고 발전할지 기대가 된다.

라이브 커머스도 TV홈쇼핑과 마찬가지로 다양한 시행착오와 진화를 거쳐 많은 데이터가 축적되면 누구에게나 적용 가능할 필승 공식이 나올 수도 있다.

하지만 각자 자신만의 데이터가 쌓이면서 백 명의 셀러가 있다면 백 개의 공식을 만들어갈 수도 있으리라고 생각한다. 지금은 모두가 라이브 커머스 역사를 만들어가는 중이다. 누가 더 많은 경험과 데이터를 가지고 있느냐가 몇 년 후 라이브 커머스의 승자가 되지 않을까?

# 2

# 남들과 '다른'
# 라이브 커머스를 만드는
# 1% 디테일

# 라이브 커머스가
# 잘되기 위한 4박자

우리 동네에는 정육점이 4곳 정도 있다. 그런데 유난히 한 곳만 장사가 잘된다. 동네를 지나다니다 보면 나머지 3곳은 파리를 쫓느라 바쁘고 최근에는 한 곳이 폐업해 그 자리에 카페가 생겼을 정도이다. 나 역시 늘 장사가 잘되는 그 정육점 단골이다.

정육점이 장사가 잘되려면 어떻게 하면 될까? 가장 기본은 상품인 '고기'가 좋아야 한다. 이 정육점은 어떤 고기를 사더라도 실패한 적이 거의 없다. 소고기든 돼지고기든 부위가 어떻든 늘 고기가 신선하고 맛있다고 정평이 나 있다. 게다가 가격 또한 동네 다른 정육점과 거의 비슷하다.

그런데 여기서 이 정육점만의 포인트가 있다. 고객이 셀프로 가져갈 수 있도록 매장 내 작은 냉장고에 파채를 한 봉지씩 싸서 넣어둔다. 대파 값이 한 단에 6~7천 원이나 했던 시기에도 이 서비스는 중단되지 않았었다.

그다음 포인트는 문자 호객이다. 이 정육점 사장님은 좋은 고기가 들어오거나 세일 품목이 있을 때 바로 단골들에게 얼른 와서 이 좋은 고기를 사시라고 문자로 홍보한다.

물론 단골들에게만 홍보하지는 않는다. 오며 가며 지나가다 들어와 살 수 있도록 창 유리에 홍보 문구를 붙이거나 문 앞에 배너를 세워놓기도 한다. 이렇게 문자를 확인한 기존의 단골이나 지나가다가 뭔가 해서 기웃거리는 고객까지 정육점에 발을 들이도록 하는 것만으로 절반 이상은 성공이다.

그렇다고 이 사람들이 정육점에 들어서자마자 무조건 고기를 살까? 절대 그렇지는 않다. 사전홍보를 통해 정육점에 잠재 고객들이 들어왔을 때 판매자인 정육점 사장님의 역할이 아주 크다.

이 정육점 사장님은 일단 정직한 신뢰감이 느껴진다. 우선 손님이 정육점으로 들어오면 친절하고 활기차게 맞아준다. 이걸 살까 저걸 살까 망설이는 고객들에게는 "얼마 전에 애들 불고기 해주셨으니까 오늘은 수육 어떠세요?" "건강 생각해서 기름기 많은 거 싫어하시니까 오늘은 목살 어떠세요?" 하며 손님들이 결정을 내릴 수 있게 돕는다.

여기서 끝이 아니다. "수육 만드실 때는 된장, 커피, 월계수 잎 등을 넣고 50분 동안 끓이시면 되어요~ 월계수 잎은 서비스로 드릴게요." 이렇게 레시피까지 꼼꼼하게 알려주어 손님의 갈등과 고민을 줄여주니 안 갈 수가 없고, 이러니 이 정육점은 장사가 잘될 수밖에 없다.

"라이브 커머스에서 어떻게 하면 대박이 나요?" 강의나 교육을 하면 항상 나오는 질문이고 누구나 가장 궁금해하는 내용이다. 사실 판매 방송에서 '매출'이라는 건 단순히 1~2가지 요인에 좌우되지 않는다. 나는 라이브 커머스로 매출을 올리기 위해서는 다음의 4가지 조건이 맞아떨어져야 한다고 생각한다.

이 4가지 중 그 어떤 것도 소홀하거나 부족하면 매출을 내기가 쉽지 않다. 그 4가지는 바로 ①상품 브랜딩 ②가격과 혜택 ③사전 홍보 ④고객의 지갑을 여는 매력적인 방송이다. 앞서 언급한 정육점 사장님의 예는 오프라인 영업이긴 하지만 라이브 커머스 대박의 4가지 요소를 정확하게 지키면서 우리 동네 최고의 정육점으로 자리를 잡은 사례이다. 그럼 하나씩 살펴보자.

# 상품 브랜딩

첫 번째, 상품 브랜딩이다. 판매 방송 경험이 없는 많은 사장님이 상품만 있으면 라이브 커머스로 돈을 벌 수 있으리라고 생각한다. 하지만 그건 너무나 오산이다. 라이브 커머스 역시 인지도, 브랜드 파워, 재구매율, 시의성을 고려한 적절한 상품<sup>브랜드</sup>이 고객 선호도가 높다. 누구나 알 만한 대기업 혹은 브랜드 상품이라면 이미 고객들에게 브랜딩이 잘되어 있으니 좋은 가격과 끌리는 혜택으로 소문만 잘 나면 매출을 올리는데 크게 신경 쓸 일은 없다.

하지만 중소기업 혹은 인지도가 낮은 브랜드라면 아무래도 고객의 지갑을 여는 게 쉽지 않다. 아무리 조건이 좋다고 해도 잘 모르는 생소한 상품을 선뜻 구매하지는 않기 때문이다.

이럴 때는 평상시 상품 브랜딩의 노력이 필요하다. 내 상품이 검색될 수 있도록 평소에도 적극적인 SNS 활동이나 광고 등을 통해 홍보와 마케팅을 꾸준히 하는 작업이 필요하다. 또한 이 상품을 판매하는 셀러의 신뢰, 이미지, 인지도 등도 상품의 브랜드 이미지를 보완할 수 있다.

어느 날 한 침구 전문 회사 K 대표님이 빙수 번개를 제안하셨다. 자신의 SNS에서 늘 본인을 이불장수라고 표현하셔서 말 그대로 진짜 이불을 파시는 분이구나 싶었는데, 알고 보니 프랑스 유학파에 30년 동안 침구와 리빙 쪽 전문가로 침장 디자인 업계에서 뼈대가 굵은 분이었다. 알 만한 유명 브랜드의 디자인 총괄 디렉터로도 활동하셨고 현재는 본인의 브랜드를 만들어 직접 디자인과 기획을 해서 오프라인 영업을 하시는 분이었다.

이분이 나를 만나자고 한 이유는 당연히 코로나19로 오프라인 쪽 상황이 갈수록 악화하면서 라이브 커머스로 판매 방향을 전환하고 싶어서였다. 상품에 관한 이야기를 들어보니 상품은 굉장히 좋아 보였다. K 대표님도 본인이 만든 상품에 관한 자부심이 대단히 높았다. 직접 눈으로 보고 손으로 만져본 후 구매하는 백화점, 아울렛 등 오프라인에서는 가격대가 조금 있어도 상품 만족도가 높고 재구매율도 높다고 했다.

그런데 문제는 온라인 고객들에게는 아직 K 대표님의 브랜드가 생소하다는 점이었다. 국내 생산 제품이라 값싼 해외 OEM 제품들과 비교했을 때 가격 경쟁력도 약했다. 그래서 나는 다음과 같이 제안했다.

"일단 가장 가격 경쟁력이 있는 인기 상품을 미끼 상품으로 라이브 커머스 첫 방송을 해보시죠. 첫 방송은 이익보다 라이브 커머스 시장에 브랜드를 처음 소개하는 홍보 방송처럼 하되, 아직은 온라인 고객들에게 브랜드 인지도가 높지 않으니 대표님께서 직접 출연하셔서 브랜드 디자인 철학과 콘셉트를 보여주는 게 좋을 것 같아요. 이불이라는 게 어느 집에나 필요한 생활용품이긴 하지만 생활과 공간에 대한 가치를 담고 있는 상품인 만큼 침장 전문가이며 오랜 경력의 리빙 디자이너로 대표님 자체를 브랜드로 팔면 어떨까요? 라이브 커머스를 통해 저렴한 가격으로 판매하지만, 값만큼 하는 싸구려를 파는 게 아니라 덮고 깔고 자는 이불 그 이상의 가치와 스토리를 함께 판매해보시면 좋을 것 같아요."

『물건 말고 당신을 팔아라』(황소자리 | 2020.08.20.)의 필자 후지무라 마사히로는 "팔리는 상품은 없다. 팔리는 노하우가 있을 뿐이다"라는 말을 했다. 비슷한 상품이라도 브랜드를 어떻게 가공하여 팔리도록 전달하느냐에 따라 결과는 완전히 달라진다. 내 상품의 브랜드를 팔리도록 만드는 것부터가 라이브 커머스의 시작이다.

## 가격과 혜택

----------------

두 번째, 가격과 혜택이다. 온라인 쇼핑 중 특히 모바일 쇼핑을 애

용하는 고객들은 TV홈쇼핑 구매 고객보다 연령대가 낮고 모바일 검색 능력 또한 뛰어나다. 그래서 라이브 커머스 판매 방송을 보는 도중에 같은 상품의 최저가를 바로 찾아낼 수 있다.

모든 방송이 늘 최저가일 수는 없지만 적어도 평소보다 가격이 높다거나 조건이 별로라면 굳이 라이브 커머스 판매 방송까지 찾아와 상품을 구매하는 고객은 없다.

지금은 라이브 커머스가 1시간 동안 특가로 살 수 있는 재미있는 유통의 방식으로 고객들에게 많이 인식되어 있기에 라이브 커머스를 처음 시작하는 사람이나 회사라면 라이브 커머스만의 특별 구성 및 특가 등 실시간 방송의 매력을 살린 가격 요소와 혜택을 꼭 만들어야 한다.

가격 경쟁력을 줄 수 없다면 재미있는 이벤트나 프로모션 등을 기획해 기존보다 좀 더 나은 구매 혜택을 준비해야 한다. 이때 홈쇼핑, 오픈 마켓 등과 직관적으로 가격 비교가 되지 않도록 단품인 A만 판매하기보다 B 또는 C 상품과 묶어 단독 구성을 만드는 것도 방법이다.

# 사전홍보

- - - - - - - - - - - - - - -

다음은 사전홍보이다. TV홈쇼핑은 텔레비전으로 드라마나 예능 방송을 보다가 광고 타임이 되었을 때 시간을 때우기 위해 이리 저리 채널을 돌리다 홈쇼핑 방송을 보게 되는 불특정 다수의 시청자에게 상품을 판매한다. 군이 따로 홍보하지 않더라도 시청률이 높은 TV 프로그램 방송 앞뒤로 홈쇼핑 방송을 하면 자연스럽게 매출이 폭발적으로 일어난다.

하지만 라이브 커머스는 완전히 다르다. 특정한 이용자들이 대상이기에 좋은 상품과 좋은 조건을 준비했다고 해서 대박이 날 수가 없다. 대박은 커녕 라이브 커머스 방송으로 유입되는 시청자가 너무 없어 셀러의 표정 관리가 안 될 수도 있다. 내가 언제 어디서 무슨 상품을 어떤 조건으로 판매할지 아무도 모르는데 어떻게 손님들이 알고 찾아와 내 상품을 살 수 있을까?

일단 보는 사람이 있어야 사는 사람도 있다. 그러니 자신의 판매 방송을 보는 사람이 많아지도록 평소 고객 데이터를 많이 모아두는 작업이 꼭 필요하다. 그래서 적절한 바이럴 마케팅과 플랫폼 노출, 타겟팅된 고객에게 홍보 및 인플루언서와의 컬래버레이션 등 라이브 커머스 특성에 맞는 홍보 기획을 해야 한다.

네이버 쇼핑 라이브만 하더라도 네이버의 기획 라이브네이버 쇼핑 라

이브 및 쇼핑 사업부와 제휴되어 제작되는 라이브일 때는 편성이 공지되고 예고도 뜨

기 때문에 어느 정도의 홍보 효과가 있겠지만, 그렇지 않은 오픈

라이브브랜드에서 네이버와 사전에 조율할 필요 없이 언제 어디서나 자유롭게 진행하는 자체 진행 라이

브의 경우에는 동시다발적으로 너무 많은 업체가 한꺼번에 방송

을 진행하면 시청자가 찾아서 보기도 어렵다.

지금 당장 시청자가 상품을 사지 않더라도 다음 방송을 위해 알

림을 받을 고객을 최대한 많이 모아야 한다. 이벤트를 해서라도

고객 데이터 확보가 정말 중요하다.

내가 라이브 커머스 총괄 기획을 맡았던 한 수산물 관련 기업

이 있다. 인지도에 비해 기업의 좋은 이미지가 잘 드러나지 않았

고 의외로 알림을 받을 고객 데이터가 상당히 적어 상품력, 가격

과 혜택 다 좋았지만 그간 라이브 커머스 매출이 계속 저조했던

것으로 보였다. 나는 다음 3가지 포인트로 방송을 기획했고, 누구

보다도 이 방송의 취지와 콘셉트를 이해하고 있는 내가 직접 쇼

호스트로 출연도 하게 되었다.

① 파격적인 가격과 구성으로 누구라도 일단 망설이지 말고 주문하게 하자.

② 알림 신청 고객에게는 특별한 혜택을 주는 이벤트를 하여 다음 방송에도 찾

아올 수 있는 고객 DB를 확보하자.

③ 기업이 소비자에게 기여하고 있다 여기도록 좋은 이미지를 만들어주자.


지금까지 실적이 저조했던 터라 관계자들도 매출에 큰 기대는 없었지만 나는 홍보만 어느 정도 잘되면 상품 구성이 워낙 좋아 대박이 날 수도 있겠다는 확신이 있었다. 기업 측도 최선을 다해 홍보했고 나 역시 이 방송을 꼭 대박으로 만들겠다는 욕심이 있었기에 개인적으로 홍보용 카드뉴스를 별도로 만들어 내 SNS 팔로워들에게 홍보하고, 내가 속한 몇백 명 규모의 커뮤니티들에도 홍보와 링크를 보내고, 지인을 통해 5만 명 규모의 온라인 맘카페에도 올렸다. 두근두근 방송 당일, 결과는 어땠을까?

방송 시작 6분 만에 준비 수량 1,000세트가 완판이 되는 초유의 사태가 벌어졌다. 조직의 수장이 방송에 출연해 취지를 설명하는 사이에 이미 판매가 끝나버린 것이다. 이미 홍보를 통해 상품과 가격, 구성을 알고 찾아온 고객들이 방송 시작 전부터 대기하고 있다가 시작과 함께 바로 주문을 넣은 것이다.

주최 측에서 다급히 추가 물량을 수급해 1,000세트를 더 내놓았지만 역시 몇 분 지나지 않아 매진되었다. 홍보만 잘되면 잘 나갈 수도 있으리라고 생각은 했지만 이렇게 빛의 속도로 판매가 되리라고는 나조차도 예상하지 못해서 방송을 진행하면서도 당황스러워지기 시작했다.

특히 네이버의 기획 라이브는 약속된 1시간을 채워야 하기에 임의로 방송을 끝낼 수도 없는 상황이었다. 남은 시간은 총 40분! 그때부터는 혹시나 전체 매진 시 비상용으로 상세페이지에 올려둔 신상품을 팔아야 했다. 나는 기업 관계자들을 즉석에서 불러 회사가 소비자들에게 건강하고 안전한 먹거리를 제공하기 위해 어떤 수매부터 가공 및 판매의 과정을 거치는지, 어민들과 소비자들을 위해 그동안 어떤 좋은 일을 했는지, 잘 알려지지 않은 신상품에 관한 특징과 자랑을 부탁하기도 하는 등 남은 시간 동안 이 기업의 홍보에 신경을 썼다. 그렇게 약속된 1시간이 끝났다. 손에 땀이 나는 스릴 넘치는 생방송이 끝난 것이다. 클로징을 하자마자 업체 측의 박수갈채가 쏟아졌다.

이 방송은 결과적으로 여러모로 성공적이었다. 업체 측에서 워낙 좋은 조건으로 상품을 공급했기 때문에 솔직히 마진으로 인한 수익은 크게 없었을 것이다.

하지만 이례적인 높은 시청률 속에서 회사와 브랜드에 관한 홍보가 제대로 잘 되었고, 저렴한 가격에 좋은 품질의 수산물을 구입한 고객들은 배송을 받고 난 후 또 한 번 감동을 느껴 이 기업에 좋은 이미지를 가지게 되었다. 그리고 가장 중요한 점은 알림 신청 고객이 이 방송 한 번으로 대폭 늘어났다는 것이다.

홍보와 고객 DB 확보가 잘되다 보니 다음 라이브 방송에서는 유입 시청자 수도 높았고 매출도 훨씬 좋아졌다. 그만큼 사전홍보는 라이브 커머스에서 필수이니 이벤트를 꾸준히 해서라도 방송 알림을 받는 고객 수를 늘리는 노력을 꼭 해야 한다. '스토어찜 하기'와 '소식 받기'는 홍보에 굉장히 중요함을 반드시 잊지 말자.

이처럼 대형 플랫폼에서 기획을 통해 방송하는 경우도 홍보와 마케팅이 너무나 중요하듯 1인 판매 방송 역시 홍보와 마케팅이 중요함은 두말할 필요도 없다.

## 시선을 끄는 재미있는 방송

----------------

자, 그러면 홍보를 잘했다고 해서 상품이 무조건 다 잘 팔릴까? 위에서 언급한 수산물 업체의 경우에는 특별히 가격 메리트가 있었기 때문에 홍보를 통해 유입된 고객들이 앞다투어 주문했던 것이고 일반적인 경우에는 그렇지 않은 상황이 훨씬 많다. 지금부터는 방송의 몫이다.

사전홍보를 통해 상품과 가격, 혜택을 알고 방송을 찾은 고객은 방송을 길게 보지 않고도 필요하면 바로 결제를 한다. 하지만 알림 문자를 받고 이게 뭐지 싶어 들어온 고객, 구매보다는 라이브 방송이 재밌어서 이곳저곳 돌아다니는 고객들은 딱히 구매에 대한 니즈가 없는 사람들이다.

그렇기 때문에 일단 방송은 시선을 끌고 재미있어야 한다. 그래야 오랫동안 보게 되고 오래 봐야 설득되어 구매까지 이어질 수가 있다. 그래서 방송에서는 재미 요소가 담긴 시간 분배와 세일즈 포인트를 전달할 수 있는 적절한 방송전략이 필요하다.

내 책 『라이브 커머스 성공 전략』에 담긴 설득의 6단계를 참고하면 알겠지만 가장 먼저 선행되어야 하는 점은 관심과 호기심을 끄는 것이다. 갈수록 셀 수도 없을 만큼 많은 방송이 동시에 송출이 되면서 눈에 띄지 않으면 시청자가 유입되기가 어려워졌다. 그래서 호기심과 관심을 끌 목적으로 쇼호스트들이 쇼적인 행위나 역할극, 짧은 콩트 등을 미리 짜서 보여주기도 한다.

라이브 커머스는 정해진 틀이 없기에 꼭 이런 트렌드를 따를 필요는 없다. 하지만 톡톡 튀는 본인만의 아이디어로 고객들이 내 방송에 들어오도록 끊임없이 고민하는 일은 꼭 필요하다.

# 10%의 슈퍼팬을 만들어라

『라이브 커머스 성공 전략』을 읽은 독자들의 서평에 가장 많이 등장하고 인상적으로 읽고 밑줄 친 대목 중 하나가 케빈 캘리의 이론, "당신이 1,000명의 진정한 팬을 가지면, 즉 당신이 만든 상품이라면 무엇이든 지갑을 열 1,000명의 찐팬을 보유하면 생계 유지가 가능한 수입을 어느 정도 보장받을 수 있으니 계속해서 좋은 상품을 일관성 있게 만들 힘도 생긴다. 그러니 1,000명의 팬부터 확보하라. 그들은 당신이 반드시 소유해야 할 '작은 왕국'이다"라는 내용이었다.

실제로 라이브 커머스 판매 방송을 할 때 방송 알림을 받을 찐 고객이 1,000명 정도만 되어도 꽤 해볼 만하다. 이 책『오늘 방송도 완판!』을 읽고 있는 독자 중에는 이미 SNS 팔로워가 몇천, 몇만인 분도 많을 듯하다.

그런데 팔로워 수, 구독자 수, 조회 수가 진정한 나의 찐팬인지 아니면 단지 숫자를 채우고 있는 사람인지는 생각해볼 필요가 있다. 나 역시 SNS를 하고 있고 하루에도 많은 사람이 내게 맞팔로잉이나 서로 이웃을 신청한다. 내가 올린 포스팅이나 피드와는 전혀 상관없는, 복사 후 붙여넣은 티가 너무 나는 인사말로 진정한 소통을 하자며 댓글을 달고 DM을 보낸다.

그들의 SNS를 살펴보면 무분별하게 여기저기 다니며 모은 팔로워 수는 많지만 그들이 올린 포스팅이나 피드로 보면 나와 진정한 소통을 원하는 사람 같아 보이지는 않을 때가 많다. 이런 사람들은 팔로워 숫자를 채워줄 뿐 내가 먹고사는 데 도움이 될 진정한 팬은 아니다.

내 팬 중에서도 더욱더 확실한 내 팬, 비율로는 10% 정도의 팬을 '슈퍼팬'이라고 한다. 이 슈퍼팬들은 셀러인 나와 지속해서 밀접한 관계를 맺으며 소통했기에 나에 대한 믿음이 있다. 나의 서사와 판매자로서의 가치관 등을 누구보다도 잘 알기 때문에 내가 어떤 상품을 판매하든 슈퍼팬들은 나를 믿고 물건을 산다.

요즘 같은 현대 사회에서는 상품을 구할 수 없다거나 상품의 정보가 없어서 또는 상품의 퀄리티가 떨어져서 사지 못 하는 일은 거의 없다. 군이 밖으로 나가지 않더라도 언제든지 클릭 한두 번이면 상품의 모든 정보를 검색하고 원하는 상품을 살 수 있다. 이제 쇼핑할 때 중요한 점은 상품의 정보와 가격을 넘어 셀러가 전해주는 가치와 새로운 경험이다.

내 교육생 중 자신의 인스타그램 프로필에 '영양 가득한 집밥 연구가'라고 본인을 소개하는 캠핑 마니아 S님은 서로 오프라인에서는 단 한 번도 만난 적 없지만 온라인으로 1년 넘게 나와 찐소통을 하는 사이이다.

S님은 매번 자신의 인스타그램을 통해 냉장고를 파거나 털면 나오는 재료로 맛있게 만들 수 있는 요리를 알려준다. 나 역시 오늘은 무얼 먹어야 하나 고민될 때 한 번씩 S님의 인스타그램에서 힌트를 얻고는 한다.

최근에는 본인이 소싱한 상품으로 공동 구매와 라이브 커머스 판매 방송도 하는데 나는 S님의 판매 방송을 통해 닭갈비를 3세트나 주문했다. 의심 많은 나는 평소에는 한 번도 먹어본 적 없는 브랜드라면 보통은 1세트만 사서 먼저 먹어보고 만족스럽다면 다음에 다시 사는 편이다.

조금 더 시간을 들여 찾아보면 더 유명한 브랜드의 닭갈비를 좀 더 저렴한 가격으로 살 수도 있었겠지만 그러지 않은 이유는 자신을 집밥주의자라고 부르는 S님이 직접 골랐고 그녀가 캠핑갈 때 꼭 챙겨갈 정도라고 추천하는 음식이라면 내가 이리저리 따져 보지 않아도 어련히 알아서 잘 골랐을까 하는 믿음 때문이었다.

라이브 커머스에서도 이렇게 셀러가 어떤 상품을 판매하든 선뜻 지갑을 여는 슈퍼팬이 있어야 한다. 이 슈퍼팬이 많으면 많을수록 당연히 좋다. 이들은 혼자만 사고 입을 닫기보다 셀러와 셀러의 상품을 주위 다른 사람들에게 자발적으로 알리는 홍보맨의 역할도 자처한다.

다국적 컨설팅 전문 회사 맥킨지의 연구에 따르면 사람들이 구매를 결정하는 데에는 20%에서 50%가 입소문으로 이루어진다고 한다. 또한 신뢰하는 친구의 확실한 보증처럼 파급 효과가 큰 추천이 파급 효과가 작은 입소문의 속도를 약 50배나 증가시킨다고 하니 입소문은 마케팅의 강력한 필수 요소이다.

기업인이자 베스트셀러 작가 세스 고딘은 다음과 같이 말했다. 라이브 커머스로 성공하길 바라는 셀러라면 세스 고딘의 말을 꼭 명심하길 바란다.

"당신을 신뢰하는 한 명을 찾아 그에게 일단 제품 하나를 팔아라. 그가 그 제품을 좋아하는가? 그것에 열광하는가? 유용한 제품이라 판단했다면 그는 10명의 친구에게 그 제품을 알릴 것이고 그렇지 않은 제품이면 입을 닫는다. 이렇게 계속 사람을 모아야 '열성 고객'의 규모가 성장한다."

# 라이브 커머스는 1시간으로 기획해서는 안 된다

국내 유명 브랜드 회사에서 자신들이 마케팅 비용을 아낌없이 쏟아 붓는데도 라이브 커머스 매출이 좋지 않으니 내게 라이브 커머스 교육과 컨설팅을 받고 싶다는 요청이 들어왔다.

상품 브랜드는 사람과 같이 나이를 먹는다. 그 브랜드의 주요 소비자는 여전히 20~30대 젊은 여성이었지만 이제는 다소 올드한 느낌이라 브랜드 리뉴얼이 필요해 보였다. 그 부분은 전략과 비용, 시간이 많이 필요한 작업이라 당장 바꾸기는 어려웠지만 라이브 커머스 판매 방송에서의 문제점은 내 전문이니 문제 분석 및 제안을 제시했다.

가장 먼저 눈에 띈 점은 그 브랜드는 라이브 커머스 판매 방송을 하는 1시간을 마치 하나의 버라이어티 쇼처럼 기획했다는 것이다. 요즘은 대형 플랫폼도 판매 방송에 셀럽이나 인플루언서를 출연하게 해 예능 형식의 방송으로 많이 기획한다.

버라이어티 쇼 형식이 나쁘다는 말이 아니다. 다만 이 브랜드에서 버라이어티 쇼로 기획한 라이브 커머스 판매 방송에는 연예인이나 유명 인플루언서가 아닌 방송 경력이 거의 없는 회사 여직원과 인지도가 낮은 유튜버가 진행자라는 점이 문제였다.

이러한 셀러로는 1시간짜리 버라이어티 쇼 라이브 커머스를 진행하기에는 부족하다. 그들의 진행 능력이 떨어진다는 뜻이 아니다. 시청자들이 휴대전화로 1시간짜리 판매 방송을 볼 정도가 되려면 한시도 시선을 뗄 수 없는 유명인이 출연하거나 그에 상응하는 재미가 보장되어야 한다.

하지만 이 브랜드 회사의 라이브 커머스 판매 방송에 출연하는 두 사람은 그 정도 급이 아니었다. 게다가 전문적인 쇼호스트라기보다 아마추어 느낌이 많이 나서 그러한 방송을 1시간 동안 볼 시청자는 상품 관계자가 아니면 거의 없다.

또한 방송 시작 후 판매할 상품이 등장하기까지 10분 정도 걸렸는데 그동안 두 사람의 인사와 신변잡기적인 대화가 이어지면서 시청하는 인내심에 한계가 느껴졌다. 심지어 10분 후에는 자리를 옮겨 세팅된 또 다른 장소로 이동까지 하는 모습을 보니 어떤 상품을 어떤 조건으로 판매하는지, 무엇이 좋은지 궁금은 한데 이걸 계속 봐야 하는지, 지루한데 그만 나가야 하는지 등의 갈등이 계속되었다.

그래서 나는 이러한 상황이라면 1시간짜리 판매 방송으로 기획하기보다 중간중간 들어왔다 나갔다 하는 시청자들을 생각해 20분짜리 방송으로 기획, 1시간 동안 3번 정도 비슷하게 반복하며 방송할 것을 조언했다. 갈수록 짧고 재미있으며 강렬한 숏폼 콘텐츠가 젊은 세대에게 대세가 되는 모양새를 보면 이해가 될 듯하다.

또 하나 조언한 점은 스튜디오 세팅이다. 라이브 커머스는 TV 홈쇼핑과 비슷한 듯하지만 다른 부분도 많다. 그중 하나가 스튜디오 세팅인데 요즘 TV홈쇼핑은 '4 : 3' '16 : 9' '21 : 9' '32 : 9' 등 가로 비율의 화면이 대부분이고 스튜디오 자체가 워낙 넓기에 그 공간을 멋지게 꾸미는 편이다. 보통 역할이 각각 다른 카메라가 많게는 4대까지 지원되기에 공들여 세팅한 스튜디오의 작은 부분까지 시청자들에게 잘 보여줄 수 있다.

하지만 라이브 커머스 플랫폼은 대부분 화면이 세로 비율 화면인데다가 휴대전화의 작은 화면에 상품과 셀러가 모두 등장해야 하므로 과한 세팅이나 작은 디테일 등이 크게 의미가 없다. 진행자와 상품이 잘 보이도록 깔끔하게 연출하면 충분하다. 하지만 이 브랜드의 라이브 커머스 판매 방송에서는 TV 홈쇼핑 못지않게 공을 들여 스튜디오를 꾸민 게 눈에 보였다.

화려한 디스플레이에 배경색, 디스플레이 하는 구조물의 색, 상품의 색까지 모두 톤을 맞추어 꾸몄기에 판매 상품이 무엇인지 시청자 입장에서는 파악하기가 어려웠다. 오프라인 매장이나 TV 홈쇼핑에서 보여주었더라면 정말 고급스럽고 세련된 디스플레이인데 안타깝게도 모바일 화면이 이를 다 담지 못한 것이다.

그리고 마지막으로 조언한 점은 모바일 화면 왼쪽은 흰색 댓글이 올라가는 위치이다. 이 부분은 깔끔할수록 좋다. 이곳에 POP 글자 혹은 복잡한 이미지가 배치되면 댓글도, POP나 이미지도 잘 보이지 않는다. 이렇듯 가장 빨리 개선할 수 있는 몇 가지를 알려주었는데 그다음 판매 방송부터는 많은 부분 개선된 것을 확인하여 뿌듯했다.

온라인 세계는 시각적 자극이 두드러진 공간이고 그러다 보니 우리는 보다 본능적인 사고를 하게 된다. 특히 모바일 화면 앞에서는 사람들의 생각하는 속도가 한층 빨라진다고 한다. 그리고 연구 결과, 화면에서 처음 시선이 간 지점에 계속해서 시선이 머무는데 사람들이 처음 보는 지점은 결국 가장 오래 보는 지점이고 처음 바라본 것이 결국 선택되는 일이 많아진다고 한다.

사람들이 가장 먼저 시선이 멈추고 그래서 오랫동안 지속해서 시선이 머물면서 결국 선택하게 되는 그 위치가 바로 화면의 중심부이다. 더 많이 팔고 싶은 셀러라면 상품을 화면 한가운데에 배치하는 것만으로도 매출을 올릴 수 있다. 그러니 라이브 커머스 판매 방송을 할 때마다 복잡함은 내려놓고 시청자들이 가장 잘 보이는 화면 한가운데에 판매하고 싶은 상품을 배치해 놓자.

# 라이브 커머스를 하면서
# 대본을 준비하나?

라이브 커머스 셀러가 되고 싶으니 내게 교육받고 싶다고 연락한 사람이 있었다. 먼저 그녀의 기존 경력을 물어봤다. 대형 플랫폼에서 유명 브랜드 의류를 라이브 커머스로 파는 방송의 셀러로 2번 출연했었는데 그 이후로는 섭외가 없는 상태라고 했다. 나는 정확한 판단을 위해 사전에 방송했던 영상을 받아 보았다.

그녀의 지난 방송을 본 내 결론은 조금 의아함이었다. 무언가가 상당히 어색했기 때문이다. 그녀는 중년 여성들이 주로 즐겨 입는 브랜드 의류를 라이브 커머스로 판매했었는데 방송 분위기가 브랜드 분위기와 너무 맞지 않았다. 20대로 보이는 젊고 풋풋한 2명의 셀러가 예능 프로그램 〈쇼 음악 중심〉의 MC처럼 주거니 받거니 상품을 설명하고 있었는데 상품의 콘셉트와 셀러의 진행 방식의 부조화가 첫 번째 어색해 보이는 이유였고, 두 번째 어색해 보이는 이유는 셀러들이 거의 움직이지 않고 서로 마주 보지도 않은 채 정면만 쳐다보며 멘트하고 있어서였다.

모니터링하다 더는 볼 수가 없어서 바로 전화를 걸어 그녀에게 왜 이렇게 방송했는지 이유를 물어보았다. 대답을 들어보니 작가가 써준 대본을 프롬프터에 띄워 놓고 그대로 읽었다고 한다.

그 이야기를 듣는 순간 황당해졌다. 대형 플랫폼에서 유명 브랜드 의류를 판매할 너무나 좋은 기회가 2번이나 있었는데도 라이브 커머스에 관해 제대로 이해하지 못한 제작사 때문에 능력 발휘가 되지 않아 더는 기회가 오지 않았다고 생각하니 안쓰럽기도 하고 화가 나기도 했다.

라이브 커머스는 그야말로 활어처럼 펄떡펄떡 뛰며 살아 있는 방송을 하는 것이다. 특히 시청자들의 반응을 바로바로 반영하며 방송을 진행하는 게 라이브 커머스의 취지이자 매력이다. 그렇기에 작가가 대본을 써주고 셀러 프롬프터를 보고 멘트만 읽는 라이브 커머스 판매 방송을 나는 이해할 수 없다.

TV홈쇼핑도 작가가 있긴 하지만 쇼호스트의 멘트를 써주는 작가는 없다. TV홈쇼핑에서 작가의 역할은 기획 방송 구성을 하거나 CG 작업에 들어갈 문구를 제공하는 것이다. 1인 판매 방송이 아니라 스텝들과 함께하는 규모 있는 기획전이라면 전체적인 콘셉트와 기획 구성 등을 잡아 모든 스테프가 공유하는 과정은 꼭 필요하다. 하지만 공유된 콘셉트와 방송 구성 순서에 따라 쇼호스트는 본인만의 언어와 판매 테크닉을 발휘해야 한다.

예를 들어, 기획전에 섭외된 전문 쇼호스트이든, 혼자서 모든 것을 알아서 해야 하는 1인 방송 셀러이든 방송 전에 본인이 해야 할 멘트에 직접 순서를 정해 대본처럼 써보는 작업은 하면 좋다고 생각한다. 시청자에게 효과적으로 셀링 포인트를 전달할 수 있는 멘트를 연구할 수 있고 방송이 진행될 흐름을 미리 그려볼 수 있다는 점에서 방송 진행에 도움이 많이 될 수 있다.

하지만 실전 방송에 들어가면 그 대본에 연연해서는 안 된다. 시청자와 계속해서 댓글로 소통하며 함께 호흡하는 데에 더욱더 신경 써야 한다. 만약 대본을 아예 볼 수 없다는 게 불안하다면 굵직굵직한 키워드를 중심으로 큐카드를 만들거나 조금 더 전문적으로 큐시트를 작성해서 참고하는 것이 좋다.

다시 돌아가, 실제로 그녀를 만나 교육해보니 영상에서 보던 것과 달리 훨씬 통통 튀는 순발력과 재치를 지닌 매력 있는 셀러였다. 그리고 잘하고 싶은 열정과 에너지가 아주 강한 사람이었다.

이러한 장점을 지난 의류 판매 방송에서 살리지 못한 점이 너무나 아쉬웠지만 나와 함께 4주간의 하드 트레이닝을 통해 상품 셀링 포인트를 정해서 어떻게 전략적으로 멘트하고 잘 보여줄지를 익히게 되었고 누구보다도 열심히 잘 따라오고 과제도 성실히 한 덕분에 짧은 시간 안에 눈에 띄게 실력이 향상되었다.

그 결과 쇼퍼테이너 선발대회에 출전해 심사위원과 참가자들에게 호평을 받으며 오랫동안 방송 경력과 쇼호스트 경력을 가진 다른 경쟁자들을 물리치고 당당히 상위권에 입상하는 쾌거를 이루었다. 앞으로 셀러로서 많이 기대되는 사람이니 더 좋은 기회역시 많이 올 것이라고 믿는다.

### 실제로 방송했던 큐시트 샘플

| ⟨수협 중앙회 라이브 커머스⟩ 큐시트 | |
|---|---|
| 타이틀 | 수협중앙회 대국민 상생 프로젝트 [만 원의 행복] |
| 강조 포인트 | ① 코로나19로 위축된 어민과 국민을 위해 수협이 쏜다!<br>② 만 원으로 건강한 수산물 밥상!<br>③ 1,000세트 한정! |
| 구성 | 녹차 품은 손질 고등어 1팩 2마리(팩당 200g) - 국내산<br>급속동결 손질 오징어 2팩 4마리(팩당 350g) - 원양산<br>건미역 1봉(50g) - 국내산<br>국물 멸치 1봉(300g) - 국내산 |
| 가격 | 만 원 |
| 혜택 | 62% 파격 할인 + 택배비 무료 |
| 수량 | 1,000세트 한정 (1인당 3세트까지 구매 가능) |

| 이벤트 | | 알림 신청한 구매 고객 10명 추첨 - 굴비 세트<br>실시간 퀴즈 당첨자 5명 - 어묵 세트 | |
|---|---|---|---|
| 퀴즈 등 시선끌기용 | | 삼행시, 이행시, 퀴즈 5개 | |
| 순서 | 시간<br>(분) | 내용 | 준비물 |
| 1.<br>오프닝 | 2' | - 인사<br>- 판매보다는 사기 진작과 홍보를<br>  위한 방송 | |
| 2.<br>회장님<br>출연 | 5' | - 취지, 혜택, 이벤트 공개 | 상품 박스, 판넬 |
| 3.<br>구성 | 5' | - 꾸러미 채로 보여주기<br>- 포장 제거 후 크기, 양 등 자세히<br>  보여주기 | 상품 박스<br>비닐장갑, 도마, 칼,<br>가위, 물티슈 |
| 4.<br>만 원의<br>밥상 | 5' | - 만 원으로 차린 밥상 공개<br>  (미역국, 미역냉국, 고등어 조림,<br>  오징어 숙회 등)<br>- 왜 사야 하는가?<br>  1) 남녀노소 누구나 좋아하는<br>     국민 수산물<br>  2) 장보기도 꺼려지는 시국에 만 원으<br>     로 영양 가득한 밥상 차릴 수 있음<br>  3) 코로나19에 타격 입은 어민들도<br>     도울 수 있음 | 미역국, 미역냉국<br>고등어조림, 숙회<br><br>인덕션 1개, 숟가락<br>젓가락, 앞접시 |
| 5.<br>음식 시연<br>시식 | 5' | - 오징어 라면 또는 버터 오징어 구이<br>  (간식 또는 야식) 맛 평가 | 인덕션, 냄비, 물,<br>데친 오징어<br>버터, 라면, 젓가락,<br>앞접시 |
| 6.<br>구매 푸시 | 3' | - 취지, 만 원, 무료 배송, 이벤트,<br>  1,000세트 한정 | 상품박스, 판넬 |
| 3~6번 한 번 더 반복 | | | |

PART 2. 남들과 '다른' 라이브 커머스를 만드는 1% 디테일 79

# '척' 하려면
# 그만큼 준비해야 한다

생애 첫 라이브 커머스 판매 방송을 앞둔 K님이 준비한 상품은 떡볶이 밀키트였다. K님의 첫 방송 날, 그날은 유난히 전국적으로 더운 날씨였는데 남쪽 지방에 사는 K님이 불 앞에서 떡볶이를 만드는 모습은 특히 더 지쳐 보였다. 처음 하는 요리 라이브 방송이라 엄청나게 긴장했을 텐데 하필 날씨까지 더웠으니 방송 내내 얼마나 진땀이 났을까?

상품의 콘셉트가 '라면보다 간편한 떡볶이! 모든 재료를 냄비에 넣고 끓이기만 하면 7분 만에 맛있는 떡볶이 완성!'이었는데 K님은 방송이 시작된 지 30분이 될 때까지 완성된 떡볶이의 모습을 보여주지 못하고 있었다.

우선 냄비에 물을 붓고 양념장을 넣은 다음 떡과 어묵, 대파 등 재료 봉지를 하나하나 뜯어 넣는 과정이 너무 더뎠다. 게다가 인덕션까지 제대로 작동하지 않는지 상황이 더 힘들어 보였다. 날씨가 더운 탓도 있었겠지만 조리 과정 역시 뜻대로 잘되지 않으니 더 애가 타서 땀이 흐르고 더웠을 것이다.

민망한 마음에 K님은 "날씨가 너무 더워요. 불 앞에 있으니 더 덥네요"라고 멋쩍게 이야기했다. 그리고 얼마나 경황없고 긴장했는지 댓글 역시 30분 동안 한 번도 보고 읽지 않았다. 차 안에서 방송을 보고 있던 나는 안쓰러운 마음에 K님에게 달려가 땀이라도 닦아주며 돕고 싶은 마음이었다.

요즘 라이브 커머스 시장에서 가장 잘 팔리는 상품군 중 하나가 밀키트Meal Kit, 요리에 필요한 손질된 정량의 식자재와 양념, 조리법 안내서를 세트로 구성한 제품 종류이다. 모든 재료가 손질되어 준비되어 있어 순서대로 넣으며 조리만 하면 되기에 요즘같이 요리할 시간이 부족한 현대인들이 간편하게 집에서 뚝딱 만들어 먹기에 딱 맞는 상품이다. 특히 날씨가 더워질수록 이런 간편식이나 밀키트는 판매 방송에서 더욱더 반응이 좋을 수밖에 없다.

라이브 커머스로 밀키트를 방송할 때 핵심 포인트는 무엇일까? 집에서 모든 재료를 손질해 만들어 먹는 것보다 훨씬 편하고 나

가서 사 먹는 것보다 저렴하며 배달해서 먹는 것보다 빠르다는 게 아닐까? 이를 바탕으로 K님의 방송을 리뷰하면 다음과 같다.

먼저 K님은 시청자가 떡볶이 판매 방송을 1시간 동안 처음부터 끝까지 다 볼 거라는 생각을 버렸어야 했다. 라이브 커머스 판매 방송은 시청자들의 시청 집중 시간이 짧아 방송 내내 수시로 시청자가 들어왔다 나갔다 한다. 그러니 1시간 안에 떡볶이만 완성하면 되는 게 아닌 상품 콘셉트대로 7분 만에 진짜 간편하게 떡볶이를 만들 수 있음을 보여주어야 한다.

하지만 K님은 내가 30분 가까이 방송을 볼 동안에도 떡볶이를 완성하지 못했다. 물론 시연하며 설명까지 곁들었으니 밀키트의 조리 예상 시간보다 실제로는 시간이 더 걸릴 수는 있지만 냄비에 물을 붓고 따로따로 포장된 재료들을 빠른 손동작으로 착착착 넣는 모습을 보여주는 것만으로도 시청자들에게 저 밀키트는 나도 쉽고 빠르게 만들 수 있겠다는 기대감을 줄 수 있다.

두 번째는 조리하면서 더운 내색을 하면 안 되었다. 더운 날씨에는 그 누구라도 불 앞에서 땀을 흘리며 음식을 만들고 싶지 않기에 비용이 좀 더 들더라도 외식하거나 배달음식을 먹게 된다.

이런 사람들에게 대안이 되는 상품을 제시하여 팔아야 하는 셀러가 판매 방송 도중 자기 스스로 너무 더워서 지친다고 이야기하는 건 발이 편한 점이 콘셉트인 운동화를 파는 셀러가 이 신발을 신고 방송 중인데 발이 불편해서 서 있기가 힘들다고 이야기하는 것과 다를 바 없다. 그러니 선풍기나 에어컨 등을 이용해 방송 환경이 덥지 않도록 미리 준비해야 한다.

하나 더, K님은 1팩이 몇 인분이냐고 묻는 댓글에 잘 먹는 사람이라면 혼자서도 다 먹을 수 있지만 보통은 1~2인분 정도 된다고 말했다. 이미 그 떡볶이를 먹어본 사람으로서 말하면 나는 양이 상당히 많다고 생각했었다. 물론 분량이라는 게 주관적인 영역이지만 간식으로 먹는다면 2~3명이 충분히 먹을 수 있는 양이었다.

그런데 K님의 말처럼 혼자서도 먹을 수 있는 양이라면 1팩에 약 6천 원 정도인 떡볶이 가격이 상당히 비싸게 느껴질 수 있다. 이럴 때는 다음과 같이 말한다면 훨씬 시청자의 구매욕을 자극할 수 있지 않을까?

"먹는 양에 따라 다르겠지만 3명이 간식으로 먹는다고 가정하면 1인당 2,000원 내외로 이 맛있는 떡볶이를 먹을 수 있어요. 게다가 남은 국물에 찬밥이랑 김 가루, 참기름까지 넣고 볶아 드시면 한 끼 식사로도 거뜬하지요."

라이브 커머스 셀러라면 진심을 담아 진정성 있게 방송하는 게 정말 중요하다. 그렇다고 해서 콘셉트나 셀링 포인트를 염두에 두지 않고 무방비 상태로 여과 없이 보여주는 것은 진정성 있는 방송이 아니다. 라이브 커머스의 최종 목표는 '판매를 통한 수익'임을 잊지 않아야 한다.

# 고객을 손 떨리게
# 하라

마케팅 용어 중 '헝거 마케팅Hunger Marketing'이라는 것이 있다. 한정된 물량만 판매해 소비자의 구매 욕구를 더욱더 자극하고 의식적으로 잠재 고객을 '배고픔Hunger' 상태로 만드는 마케팅 기법인데 '희소 마케팅' 또는 '한정판 마케팅'이라고도 부른다. 이 헝거 마케팅은 TV홈쇼핑은 물론 라이브 커머스 판매 방송에서도 잘 통하는 마케팅 기법이다.

앞에서도 설명했듯 나는 유명 수산물 관련 기업의 꾸러미 상품 라이브 커머스 판매 방송을 직접 기획한 적이 있다. 오징어 4마리, 고등어 2마리, 마른 미역과 마른 멸치를 한 꾸러미에 담아 만 원에 판매하는 라이브 커머스 판매 방송이었는데 코로나19로 몸과 마음 그리고 소비 심리까지 위축된 국민을 위로하는 차원에서 [대국민 프로젝트 만 원의 행복]으로 타이틀을 만들었다.

방송 전에부터 SNS 홍보를 많이 한 덕에 라이브 방송 특가를 기다린 고객이 많았고 그래서인지 판매 방송 시작 6분 만에 준비한 수량이 모조리 완판되는 초유의 사태가 발생했다.

믿을 수 있는 브랜드의 상품을 좋은 구성과 가격으로 판매한 것도 맞지만 여기에 이 헝거 마케팅이 적용되면서 고객들의 소비 심리에 불을 붙였었다. 원래 계획은 '1인당 3세트'까지 주문할 수 있었지만 방송 시작부터 판매 속도가 너무 빨라지면서 '1인당 1세트씩만' 주문이 가능하다고 고객들에게 양해를 구했고, 그마저도 곧 완판될 듯하다고 방송 내내 계속 안내했었다.

방송 시작 전부터 미리 대기하다 3세트를 산 고객은 안도의 한숨을 쉬며 댓글에 "아싸! 저는 운 좋게 3세트 샀는데 저 뒤로 바로 1인당 1세트씩으로 바뀐 듯해요!"라고 자랑했고 조금 늦게 방송을 본 고객은 1세트도 주문하지 못하게 될까 봐 손가락을 떨며 겨우 주문 완료했다고 댓글을 올렸다.

이렇게까지 빨리 팔리리라 생각하지 못하고 뒤늦게 방송을 보러 들어온 고객들은 이 [만 원의 행복] 대열에 끼지 못해 속상하다는 댓글을 올리기도 하고 가격 할인이 크지 않는데도 수산물 꾸

러미 완판에 이어서 판매한 어묵 세트마저 완판되지 않을까 하는
마음에 어묵 세트를 샀다는 인증을 올리기도 했다.

이 방송에서 극적으로 수산물 꾸러미를 산 지인이 배송을 받은
후 덕분에 좋은 상품을 싸게 사서 고마웠다며 연락이 왔다.

"힘들게 주문해서 어렵게 산 생선이라 더 귀하고 맛있게 느껴져요. 또
언제 이런 기회로 방송할지 모르는데 조금씩 아껴 먹어야겠어요."

이 판매 방송은 '맛있어서 줄을 서는 것이 아니라 줄을 섰기 때
문에 맛있는 것이다'라는 헝거 마케팅이 제대로 통한 사례이다.

TV 홈쇼핑 쇼호스트로 활동할 때 나는 순금 방송을 150회나 진
행했을 정도로 순금 전문 방송 쇼호스트였다. 특히나 연초에는 부
자가 되길 기원하는 사람들의 심리를 반영해 TV 홈쇼핑마다 순금
방송이 많이 편성되는데 나는 원데이 특집전에서는 링거를 맞아
가며 많게는 하루에 3번까지 순금 판매 방송을 한 적도 있다.

순금 골드바를 비롯해 순금 돼지, 거북이, 소 등 동물 모형과 순
금 목걸이, 팔찌, 반지 등 주얼리까지 상품의 종류도 다양했지만
37.5g, 30g, 18.75g, 11.25g 등 상품별 중량도 다양했다.

내가 TV홈쇼핑에서 순금 판매 방송을 한다고 말하면 주위 사람들이 홈쇼핑에서 순금이 잘 팔리냐고 자주 물어보고는 했는데 그 당시 1시간 매출에 30~40억이 나올 때도 있었고 함께 순금 판매 방송을 했던 팀들이 판매 성적 우수자로 여러 번 포상까지 받았을 정도이니 사람들의 반응을 짐작할 수 있을 것이다.

왜 TV홈쇼핑에서 그토록 순금이 잘 팔렸을까? 그 이유는 바로 '헝거 마케팅'에 있었다. 그 당시 진행했던 방송을 되돌아보면 먼저 '순금을 왜 사야 하는가?'로 시청자들을 설득한 후 '왜 순금을 하필 지금, 이 방송을 통해 사야 하는가?'로 자연스럽게 구매 유도까지 이어갔다.

순금을 사야 하는 이유는 바로 순금의 유한성 때문이다. 그런데 단순히 "순금은 유한한 자산이다"라고 설명하면 시청자들은 별로 감흥이 없다. 그래서 나는 고객의 마음에 쏙 와닿게 다음과 같은 멘트를 했다.

"여러분, 명품백이 아무리 희소해도 만들려고 하면 만들 수 있고요, 돈만 있으면 살 수 있어요. 하지만 큰맘 먹고 사는 순간 중고가 되죠. 그런데 순금은 그게 아니에요. 잘 팔린다고 만들고 또 만들 수 있는 공산품이나 수제품이 아니라는 거죠. 지구상에 이제 순금이 얼마나 남았는지 아세요? 다 합쳐도 10층짜리 아파트 한 동 정도밖에 되지 않는다고 해요. 이것도 앞으로 4~50년 후에는 고갈될 거라고 하네요. 고객님~ 명품백이나 밍크코트, 자동차는 목돈 주고 사도 결국 사자마자 중고가 되지만 순금은 아무리 세월이 흘러도, 설령 스크래치가 나더라도 중고라는 게 없어요. 이러니 요즘 하루가 다르게 금값이 요동을 치는 거죠."

그럼 시청자는 '와, 정말 금이 이제 귀하긴 귀하구나. 가치가 더 올라갈 수밖에 없겠군. 조금씩이라도 여유 될 때 금을 사서 모아야겠네. 그런데 내가 금 살 돈이…'라고 생각하는 순간 우리 팀의 굳히기가 들어간다.

쇼호스트인 내가 "금은방이나 백화점 순금 매장에서도 해주지 않는 무이자 24개월 할부로 금부터 받고 비용은 천천히 나눠 내세요. 그런데 오늘 무이자 24개월로 판매할 금수량이 정말 적습니다!"라고 말하면 담당 PD는 준비 수량이 가장 적었던 상품 하나에 '꽝' 하는 효과음을 넣으며 매진 도장을 찍는다. 그럼 그때부터 주문이 몰리기 시작한다.

상품별로 매진 도장이 찍힐 때마다 '수량이 진짜 얼마 없나 보다. 망설이다가는 놓치겠네' 하는 심리가 작용하며 판매 수량이 쭉쭉 올라갔다. 이처럼 많은 TV홈쇼핑 방송에서는 순금뿐만 아니라 '한정판' '리미티드 에디션' '추가 오더 없음' '오늘 단 한 번 방송'이라는 워딩으로 헝거 마케팅을 잘 활용하고 있다.

라이브 커머스에서도 '오늘만 특가!' 'ㅇㅇㅇ 기념 원데이 할인!' '이 방송에서만 이 가격(혜택)!' '한정 수량 ㅇㅇ세트만 판매!' 등 헝거 마케팅을 활용하면 효과가 좋다.

얼마 전 교육생 한 분이 지인의 사과를 라이브 커머스로 판매 방송으로 팔았었다. 그분은 이미 대기업에서 직원들 명절 선물로 거의 다 사서 라이브 커머스 판매 방송으로 팔 분량이 몇 박스 되지 않는다고 이야기했다.

그 이야기를 듣는 순간 내 머리 위로 생각 풍선 2개가 떠올랐다. 하나는 '대기업에서 거의 다 사 갔다니, 정말 맛있나 보다'였고 또 하나는 '몇 박스 없다고? 우물쭈물하다간 못 살 수도 있겠네' 였다. 생각과 동시에 내 손가락은 빛의 속도로 사과를 결제했고 몇 박스 남지 않은 사과 중 하나를 획득했다는 안도감과 함께 묘한 승리감까지 느껴졌다.

이 셀러가 시청자의 구매 욕구를 전략적으로 자극해 더 많이 팔 아야겠다고 의도하지는 않았을 것이다. 오히려 내가 아는 그분이 라면 진짜 파는 수량이 많지 않아 진심으로 걱정되어 그렇게 말했다는 것에 더 가깝다. 하지만 셀러의 의도가 어땠든 판매 방송에서는 나 같은 전문가까지 구매 욕구가 자극되며 바로 결제까지 하게 했으니 꽤 성공적인 헝거 마케팅을 한 셈이다.

# 가격이 저렴하면
# 그 이유를 알려줘라

고객은 가격이 비싸면 비싼 대로 거부감이 있지만 반대로 너무 싸면 싼 게 비지떡이라고 생각해 구매를 망설이는 존재이다. 저렴해서 샀다가 혹시 품질이 많이 떨어져 제대로 쓰지 못할 거라면 아무리 싸도 불필요한 지출이 되니까. 그러니 라이브 커머스 셀러는 왜 이 상품을 이렇게까지 저렴하게 팔 수 있는지 그 이유를 시청자들에게 꼭 알려주어야 한다.

내 교육생 중 사과 농사를 지으시는 분은 사과를 수확하면 대부분 공판장에 도매가로 넘기고 일부는 라이브 커머스로 판다. 이때 공판장으로 보내는 사과는 모두 크기가 크고 빛깔이 고운 상품성 있는 사과이다. 그런데 농사를 짓다 보면 모든 사과가 이렇게 예쁘고 크게 자라지만은 않는다. 모양이 조금 못났거나 흠이 있는 사과는 주스용 사과로 팔 수도 있다.

그런데 이 사과 농부는 이러한 못난이 사과를 라이브 커머스 판매 방송을 통해 다음과 같이 설명하며 기존 사과의 판매가보다 반값으로 판매했다.

"가격이 싼 대신 새가 쪼아 먹어 껍질에 살짝살짝 검은 점이 있거나 조금 패인 부분이 있어요~ 그런데 먹는 데는 지장이 전혀 없고 맛은 오히려 더 좋아요. 조금 못났다는 이유로 반값에 드리는 거예요. 정상 상품도 같이 팔긴 하는데 뭐하러 비싸게 그걸 사 먹어요? 나 같으면 이거 먹겠다!"

고객 입장에서는 비싸게 주고 특등품인 사과 한 상자를 샀는데 1~2개씩 못난이 사과가 섞인 것보다 판매자가 처음부터 조금 불리한 사실이라도 솔직하게 공개하며 상품을 파는 모습이 훨씬 더 믿음이 간다.

라이브 커머스에서는 생산자가 직접 상품을 판매하거나 아니면 도시에 있는 셀러가 가족이나 친척, 친구, 지인 등이 생산한 상품을 대신 판매하는 예도 많다. 이런 경우에 신선한 상품을 산지 직거래로 저렴하게 판매하는 것이 가장 큰 셀링 포인트가 된다. 실제로 신선 식품은 이런 콘셉트로 방송을 했을 때 매출이 아주 잘 나온다. 하지만 이런 포인트는 간과한 채 상품의 우수성이나 효능 등 이론 공부만 열심히 해서 선생님이 학생 가르치듯 라이브 커머스 판매 방송을 하는 분도 있다.

S님은 완도에서 김 직판장을 하시는 시어머니를 도와 대전에서 라이브 커머스 판매 방송으로 김을 저렴하게 판매했다. 그런데 그녀는 판매 방송을 할 때마다 인터넷 검색 창에 '김'을 검색해서 나온 정보를 대본으로 정리한 후 방송이 시작되자마자 김의 역사, 김의 영양 성분, 김의 효능과 효과 등을 열심히 외워 읊어댔다.

이 김을 왜 싸게 파는지에 관한 이유나 설명 없이 그냥 무작정 싸게만 판다면 시청자들은 어떤 생각을 할까? '김 값이 마트보다 너무 싼데? 저 셀러의 수수료까지 생각하면 실제 김 원가는 얼마라는 걸까? 싸다는 것만 강조하는 걸 보니 완도 김 중에서도 하급품인가보다'라고 오해하지 않을까?

대한민국 사람이라면 김을 모르는 사람이 없고 김이 건강에 좋다는 점도 누구나 잘 안다. 특히 완도 김은 초등학생도 '완도' 하면 바로 '김'이라고 대답할 정도로 유명하다. 여기서 셀러가 강조할 부분은 학술적인 정보가 아니다.

이럴 때는 하나, 완도에서 시댁이 김 직매장을 하고 있다는 것. 둘, 나를 통해 사면 상등급의 완도 김을 산지 가격으로 살 수 있다는 것 등으로 싸게 파는 이유를 알려주어야 한다. 시청자들이 '제대로 잘 산 게 맞나?' 하고 의구심을 가지는 게 아니라 '저 셀러에게 사면 이익'이라고 생각할 수 있게 생색을 내야 한다.

말하지 않으면 아무도 알아주지 않는다. 가격이 저렴하면 그 이유를 꼭 설득력 있게 시청자에게 알리자!

# 한 가지 상품만 계속 팔면 시청자가 지겨워할까?

"셀러가 한 가지 상품만 계속 판매하면 방송 보는 사람들이 지겨워하
지 않을까요?"

가족이 운영하는 공장의 상품을 라이브 커머스로 판매하려는
교육생이 내게 한 질문이다. 상품이 한정되어 있다 보니 늘 같은
것만 팔아야 해서 보는 사람이 지겹지 않겠냐는 걱정에 한 질문
일 테다. 그런데 결론부터 말하자면 시청자가 지겨운 게 아니고
판매하는 본인이 지겨운 것이다. 하지만 매번 같은 상품을 팔아도
방송 때마다 늘 새롭고 전문성 있게 파는 셀러도 많다.

D회사는 55년째 국내산 가쓰오부시 소스를 만들고 있는 전통

있는 회사로 할아버지가 창업주이자 회장님, 아버지가 사장님, 딸인 P님이 대를 이어 상무로 있는 가족 회사이다. 이중 P상무가 내게 라이브 커머스를 배워 방송으로 자사 상품을 판매하고 있다.

P상무는 본인의 집 주방에서 주기적으로 라이브 커머스 판매 방송을 하는데 매번 똑같은 가쯔오부시 소스 한두 가지를 판매하고 있다. 매번 똑같은 상품을 판매하지만 P상무의 방송은 늘 활기가 넘친다. 밝고 에너지 넘치는 얼굴로 마치 세상에서 처음으로 그 상품을 소개하는 사람처럼 설레어 보인다. 더군다나 매번 방송할 때마다 자사에서 판매하는 소스로 쉽게 만들 수 있는 요리를 누구나 따라 하기 쉽게 알려준다.

어느 날은 P상무가 라이브 커머스 판매 방송에서 가쯔오부시 소스를 사용해 밀푀유 만드는 방법을 알려주었다. 그동안 밀푀유 만드는 법이 궁금하던 차에 P상무가 밀푀유를 쉽고 간편하게 만드는 모습을 보면서 그녀가 판매하는 가쯔오부시 소스 한 병만 있으면 밀푀유처럼 폼 나는 요리도 금방 만들 수 있을 것 같은 의욕이 샘솟았다. 바로 주문해서 상품을 받자마자 P상무의 방송에서 배운 대로 멋진 밀푀유를 만들어 식탁 위에 올렸다. 그날 나는 P상무의 라이브 커머스 판매 방송 덕분에 대단한 요리를 만든 멋진 아내이자 엄마가 되었다.

이렇게 P상무는 라이브 커머스 판매 방송을 할 때마다 저번에는 김치우동전골, 이번에는 봉골레 파스타 다음 방송은 궁중 떡볶이 예고 등 자사 상품인 가쓰오부시 소스로 할 수 있는 쉽고 간단한 다양한 요리를 계속해서 알려주고 있다.

이 덕에 매번 같은 상품을 팔지만 그녀의 방송은 늘 새로워 보인다. 게다가 P상무의 상품을 산 사람들도 새로운 조리법이 알고 싶어 계속 그녀의 판매 방송에 참여하고 소스를 다 먹어갈 무렵이면 자연스럽게 재구매를 한다.

또 P상무의 라이브 커머스 판매 방송을 처음 본 시청자들은 구매 의사가 없어도 요리 방송이 재미있어서 몰입해 보다 결국 나처럼 신규 고객이 된다. 그래서 판매 방송을 할 때마다 적지 않은 매출이 꾸준히 일어난다고 한다.

같은 상품이라도 셀러가 무슨 마음으로 어떻게 방송하느냐에 따라 셀러와 시청자 모두 지루한 판매 방송이 될 수도 있다. 하지만 반대로 셀러도 시청자도 매번 재미있고 설렐 수도 있다. 매번 같은 상품만 판매해야 하는 셀러가 있다면 이 P상무의 사례를 기억했으면 좋겠다.

동네에서 폐점 직전 식당들을 관찰해보면 메뉴의 가짓수가 점점 많아지는 공통점이 있다. 물론 주방장의 손맛이 워낙 좋아서 손님들이 이것도 만들어 주세요, 저것도 만들어 주세요 요구하다 보면 자연스레 메뉴가 늘어날 수도 있지만 일반적으로 소문난 맛집들은 메뉴가 단출하다.

손님 역시 설렁탕이 먹고 싶어 식당에 갔는데 메뉴판에 설렁탕, 육개장, 돈가스, 비빔밥, 불고기, 김밥, 김치찌개, 순댓국, 냉면이 적혀 있는 식당과 설렁탕, 육개장 딱 2가지만 적혀 있는 식당 중 어느 집 설렁탕 맛이 더 좋을 것 같은가?

똑같은 맛이라 가정해도 메뉴 가짓수가 많은 첫 번째 가게는 어느 것 하나 특별히 맛있을 것 같다는 느낌이 들지 않는다. 되려 저 많은 메뉴를 직접 다 만들지는 않을 듯하니 반조리 포장 제품을 데우기만 해서 주는 건 아닌가 하는 의심도 생길 것 같다. 게다가 그런 집은 설렁탕 전문점이라고 하지 않는다.

반면에 메뉴판에 설렁탕, 육개장 딱 2가지만 적혀 있는 두 번째 식당은 왠지 내공과 전문성이 느껴진다. 음식 재료도 신선할 것만 같다. 메뉴가 단출하다고 손님들이 지겹다고 생각할까? 이런 식당에는 매일 밥을 먹으러 방문하는 손님은 없겠지만 그래도 설렁탕 혹은 육개장이 먹고 싶은 사람이라면 이 식당을 가장 먼저 떠올리게 될 것이다.

라이브 커머스에서도 한 가지 상품만 뚝심 있게 파는 셀러라는 전문적인 이미지를 형성하는 편이 좋다. 과일 팔았다가 화장품 팔았다가 수산물 팔았다가 옷 팔았다가 하는 것은 위에서 언급한 대로 온라인 상점을 운영하는 셀러로서 전문성이 없어 보인다.

식품 하면 A셀러, 옷 하면 B셀러, 화장품 하면 C셀러 등 상품 종류를 들으면 시청자가 바로 딱 생각날 수 있도록 그래서 무언가가 필요해졌을 때 그 셀러가 떠오르도록 전문적인 이미지를 만들기를 권한다.

처음에는 한 가지 상품군으로 이미지를 굳힌 다음 비슷한 상품군이나 유사한 콘셉트의 상품군을 판매할 것을 추천하는데 예를 들면, 옷에서 시작했다면 모자와 가방과 액세사리로, 화장품에서 시작했다면 이너뷰티 식품과 미용용으로 마시는 차 등으로 확장해 나가는 것이 좋겠다. 그러면 전문성과 다양성을 함께 갖춘 셀러로서의 이미지를 만들 수 있을 것이다. 그러다 셀러의 소싱 능력과 상품 보는 안목을 믿는 찐고객이 많아졌을 때는 역으로 단골 고객이 원하는 상품을 소싱해서 판매하는 방법도 있다.

라이브 커머스는 드라마나 쇼처럼 유명 셀럽이나 인플루언서가 출연하거나 특별히 예능 방송 뺨치게 재미있지 않고서는 처음부터 끝까지 방송을 보는 사람은 거의 없다. 가족과 지인도 처음 몇 번은 끝까지 봐 주지만 방송 횟수가 많아질수록 점점 더 보지 않을 확률이 높다. 나 역시 TV홈쇼핑 쇼호스트로 활동할 때는 같은 상품을 300번이 넘게 방송한 적도 꽤 있다. 매번 똑같은 멘트만 하는 것 같고 지겨워 죽을 지경이지만 내가 그 판매 방송을 300번 넘게 하는 동안 그걸 처음부터 끝까지 다 본 시청자는 전국에 과연 몇 명이나 될까?

하지만 같은 상품을 오랫동안 판매하다 보면 셀러 입장에서는 같은 설명을 반복해야 하고 이 정도 반복했으면 알 사람은 다 알 거라 생각하기 때문에 자칫 상품의 가장 기본적이고 중요한 셀링 포인트를 놓치게 된다. 본인은 오래 해서 너무 잘 알고 있지만 판매 방송을 보는 시청자는 계속 바뀐다. 이 부분을 간과하면 결국은 신규 고객 확보는 어렵다.

마지막으로 강조한다. 1인 방송으로 라이브 커머스 판매 방송를 할 때는 계속해서 이것 팔았다 저것 팔았다 정신없이 상품이 바뀌는 것보다는 일정 기간 동안 꾸준히 한 상품군을 노출하는 편이 셀러로서 전문성 있는 이미지도 만들고 홍보 효과도 있을 뿐 아니라 신뢰도 얻을 수 있다는 점을 기억하자.

# 팔려고 덤비면
# 팔리지 않는다

예전에 고속버스터미널 지하상가에 옷 구경을 하다 한 매장에 들어가게 되었다. 그런데 구경만 쓱 하고 나오려던 나를 붙잡고 매장 주인이 너무나 집요하게 구매를 권하는 바람에 '내가 필요해서 사는 게 아니라 저 사람을 위해 어쩔 수 없이 사야 하는 건가?'라는 생각이 들 정도라 곤란함을 넘어 불쾌한 감정까지 느꼈던 적이 있다.

현재 TV홈쇼핑 계의 대모이자 전설인 유난희 쇼호스트는 내가 신입 쇼호스트일 때 쇼호스트 팀장님이었다. 지금이야 그렇지 않지만 그 시절 내가 몸담았던 TV홈쇼핑은 워낙 초창기라 그저 구매를 요구하는 단순한 하드 세일 형식의 판매 방송을 많이 했었다. 많은 쇼호스트가 한껏 높인 톤으로 "이거 꼭 사야 합니다. 안 사시면 후회하세요. 무조건 사세요!"와 같은 푸시 멘트를 남발했고 이러한 멘트를 씩씩하게 잘하는 쇼호스트가 열정적이고 능력 있 쇼호스트로 인정받기도 했었다.

나 역시 그런 쇼호스트가 되려고 노력한 때도 있었다. 그런데 어느 날 유난희 쇼호스트의 판매 방송을 보고 적지 않은 충격을 받았다. 유난희 쇼호스트는 지금보다 무려 20여 년 전인 그 당시에도 톤을 높이지도, 빨리 말하지도 않았다. 오히려 차분하게 이렇게 이야기했다.

"한 분이 여러 개를 주문하시면 정말 필요한 분들이 사지 못하실 수도 있으니까 꼭 필요한 분들만 사셨으면 좋겠어요."

그 결과 사야 한다고 끊임없이 강조했던 쇼호스트들의 판매 방송보다 몇 배나 높은 매출이 나왔다. 당시만 해도 쇼호스트가 판매 방송에서 많이 사라고 해야 많이 팔린다는 고정관념이 있던 나로서는 옷을 거꾸로 입은 줄도 모르고 신나게 밖을 돌아다니다가 바르게 옷을 입은 사람과 마주치자 갑자기 부끄러움이 몰려오는 듯한 느낌이 들었다.

유난희 쇼호스트는 20여 년 전부터 이미 고객의 마음을 너무나도 잘 꿰뚫고 있었던 셈이다. 그러니 30년 가까운 세월 동안 늘 정상의 자리에 있는 것이 아니겠는가?

요즘 고객들의 높아진 수준만큼이나 쇼호스트들 역시 마케팅 기법과 소비자 심리에 관해 정말 많이 공부한다. 그렇지 않으면 과거처럼 여전히 "무조건 사세요" "빨리 사세요" "많이 사세요" 밖에 할 말이 없다. 이렇게 자꾸만 원색적으로 팔려고 하면 요즘 고객들은 몹시 부담스러워한다.

"팔려고 하면 안 팔린다고 하니, 그럼 어떻게 팔아야 하느냐?"라고 질문하는 사람도 있을 듯하다. '이걸 내가 많이 팔아서 매출을 올려야지' '이번 방송에서 반드시 다 팔아버리겠어'라는 비장한 각오로 상품을 팔면 똑똑한 요즘 고객들은 단번에 '나한테 어떻게든 팔아먹으려고 하는구나'라고 알아차리고 거북해하니 이렇게 해보면 어떨까?

바로 이 제품이 당신에게 얼마나 필요한지를 알려주는 것이다. '내가 사용해보니(먹어보니) 너무 좋아서(맛있어서) 이걸 꼭 소개해주고 싶다. 나만 쓸(먹을) 게 아니라 당신도 이걸 꼭 경험해보고 나처럼 좋아하면 좋겠다'라는 마음을 가져야 한다.

그저 팔려고만 하지 말고 공감과 신뢰를 바탕으로 진정성 있게 상품을 소개하고 추천한다면 소비자는 자신도 모르게 지갑을 열고 싶어진다. 그러니 당장의 매출이 아니라 고객과의 지속적인 관계 맺음에 더욱더 신경 쓰고 고객이 원하는 것이 무엇인지 고객의 마음을 이해하고 공감하려고 노력하길 바란다.

# 누가, 언제
# 팔아야 하는가?

라이브 커머스 판매 방송을 하기 원하는 판매사나 대표님들을 만나다 보면 자신들의 상품을 누가 팔아야 잘팔 수 있겠느냐고 물어보시는 분이 많다. 셀러를 선택하는 방법은 크게 3가지 기준이 있는데 각자 상황에 맞게 결정하면 된다.

첫 번째, '유명인'을 섭외하는 방법이다. 이 경우는 이슈와 화제성, 시청률을 높여 방송을 통해 매출뿐 아니라 자사 브랜드나 상품에 관한 홍보 및 마케팅까지 목적으로 할 때 선택하면 좋다. 주로 대기업이나 브랜드 회사처럼 마케팅 비용에 여력이 있는 곳이 선택하는데 자사의 상품과 이미지가 맞고 상품의 인지도와 신뢰도를 높일 수 있는 셀럽 또는 인플루언서를 섭외하면 된다.

유명인의 출연은 그것만으로 이슈를 만들고 화제가 될 수 있다. 주로 이런 유명인이 출연하는 판매 방송은 버라이어티한 예능형 콘셉트가 많다.

또는 인지도가 낮은 신생 브랜드나 상품이라면 홍보 차원에서 시도해볼 수 있다. (이해를 돕기 위한 극단적인) 예를 들면, 드라마 〈오징어 게임〉의 주연 이정재 씨가 456 번호를 단 초록색 트레이닝복을 입고 라이브 커머스 방송에 출연한다면 어떨까? 화제성, 이슈, 시청률, 매출 모두 대박이 나지 않을까? 대신 벌어들인 수익 이상의 섭외비가 지출될 수도 있음은 각오해야 할 것이다.

두 번째, '전문 셀러' 섭외이다. 비싼 비용을 들여 유명 인플루언서를 섭외하기보다 상품 설명을 보다 상세하고 정확하게 하여 세일즈에 포커스를 두겠다면 이 방법이 더 좋을 수도 있다. 전문 셀러는 대행사를 통해 섭외할 수도 있고 라이브 커머스 플랫폼에서 판매 방송들을 모니터링하며 자사 상품의 이미지에 맞는 셀러를 찾아 직접 연락할 수도 있다.

요즘은 TV홈쇼핑 쇼호스트까지 대거 라이브 커머스 시장으로 진출한 상황이라 셀러의 선택 범위가 상당히 넓다. 이럴 경우 본인 상품에 맞는 셀러를 여러 명 추천받아 기존 프로필을 통해 그 동안의 판매 상품 경험도 보고 지난 방송을 모니터링 한 후 최적의 쇼호스트를 선택하는 방법을 추천한다.

만약 전문 셀러를 섭외하는 비용도 부담이 된다면 아카데미 교육생 중에 감각 있고 잘하는 교육생을 추천받아 판매 방송을 진행하는 방법도 있다. 이들은 판매 방송 경력과 실전 노하우를 쌓는 것이 중요하기 때문에 경력 쇼호스트들보다 부담 없는 출연료로 섭외가 가능하다.

마지막 세 번째는 판매자가 직접 방송하는 '자급자족형'이다. 회사 대표가 직접 출연하거나 가족, 또는 회사 직원 중 누군가가 셀러가 되는 것이다.

이 방법은 유명인이나 전문 셀러처럼 이슈나 화제성, 정갈한 상품 설명 등을 기대하기는 어렵지만 셀러 섭외 비용이 따로 들지 않기 때문에 원할 때마다 방송할 수 있다는 장점이 있다.

한꺼번에 많은 것을 이루기보다 가랑비에 옷 젖듯 꾸준히 자사 브랜드와 상품을 알리고 고정 단골을 확보할 방법이기에 가장 가성비가 좋아 주로 소상공인이나 농어민들, N잡러에게 적합한 방법이다. 또한 이들은 누구보다도 상품을 잘 알고 있기 때문에 조금 어설프고 서툴러도 오히려 소비자들에게 진정성 있게 어필될 수 있는 강점도 있다.

나는 라디오 마니아이다. 듣고 싶은 것만 찾아 듣는 요즘 세대와 달리 X세대인 나는 아침 라디오 방송 소리에 눈을 떠 아침 준비를 한다. 청소하는 오전 시간 내내 그리고 운전하는 중에도 계속 라디오를 틀어 놓는다. 듣고 싶은 음악이나 방송만 찾아 듣는 즐거움도 있지만 라디오는 내가 좋아하는 노래가 우연히 나왔을 때 느껴지는 행복감이 있다. 그리고 DJ의 오프닝 멘트 하나로도 큰 위안이 될 때가 있다. 그게 라디오가 주는 매력이다.

내게는 매일 아침 남편 목소리보다 먼저 듣게 되는 라디오 DJ의 목소리가 있다. 그 DJ의 목소리는 내게 심리적 안정과 평온함을 준다. 하루도 빠짐없이 듣다 보면 친근하다 못해 가족 같은 느낌도 든다. DJ가 어떤 말을 하든 신뢰하고 공감한다.

하지만 그 DJ에 대해서 처음부터 그렇지는 않았다. 프로그램 개편으로 처음 그 DJ의 목소리를 들었을 때는 몹시 어색하고 불편했다. 주옥같은 멘트도 귀에 잘 들어오지 않았고 다른 채널로 넘어갈까 여러 번 내적 갈등도 있었다.

그런데 그냥 틀어 놓고 청소나 설거지를 하며 습관적으로 계속 듣다 보니 이제는 친밀감과 신뢰 관계까지 형성되었다. 어색하고 불편했던 목소리도 계속 듣다 보니 익숙해졌고, 익숙해지니 편하고 좋아졌다. 좋아지니 당연히 신뢰와 팬심까지 생겨났다.

이를 라이브 커머스에 빗대어보면 어떨까? 고객들로부터 확실한 주목을 얻으려면 그전에 고객들에게 다양한 각도로 여러 번 노출되어야 한다. 첫 책 『라이브 커머스 성공 전략』에서도 나는 '계속 노출해 본인을 보여줄 것'을 많이 강조했다. 방송을 통해 꾸준히 자신을 노출하다 보면 분명 나를 믿고 신뢰하는 고객이 생긴다. 그러니 세 번째 유형인 '자급자족형'의 경우라면 더더군다나 첫술에 배부를 수 없음을 알고 계속해서 나를 노출하자.

그럼 언제 팔아야 판매 방송으로 물건이 가장 잘 팔릴까? 일반적으로 판매 방송이 가장 시청률이 높은 시간은 평일 저녁 7시~밤 12시 사이로 TV홈쇼핑이나 모바일 라이브 커머스나 비슷하다. 하지만 이 시간이 무조건 내 상품과 맞는다고는 할 수 없다.

황금 시간대인 만큼 동시에 수많은 판매 방송이 진행되는데 쟁쟁한 경쟁사의 방송이나 유명 셀럽 혹은 연예인이 출연하는 예능형 판매 방송 역시 주로 이 시간대에 이루어지고 있다. 홍보가 잘 되어 있지 않고 경쟁력이 크지 않다면 내 판매 방송은 완전히 묻힐 수도 있다는 치명적인 단점이 있다.

그러니 방송 후 전체 매출, 결제자 수, 결제 상품 수, 상품 조회 수, 구매 전환율, 시청자 수, 동시 접속자 수, 채팅 수, 신규 알림 수 등을 기록으로 남기며 데이터를 쌓아보면 그 상품에 맞는 판매 시간대를 찾을 수 있다.

그러니 방송 시작 초반에는 여러 시간대를 옮겨 다니며 본인 상품에 맞는 시간대를 찾아보자. 그렇게 맞는 시간대를 찾았다면 일정한 시간에 꾸준히 방송하면서 나만의 '고정 프로그램'을 만들어 상품과 셀러의 이미지를 굳히는 것도 좋은 방법이다.

참고로 육아용품이나 주방용품 등 주부들이 타깃인 상품이라면 평일 오전 시간대를 공략해 보는 것도 좋고 젊은 층을 대상으로 하는 상품이라면 아예 경쟁자가 많지 않은 늦은 심야 시간대도 노려볼 만하다.

# 내게 맞는
# 방송 스타일은 무엇일까?

코로나19 팬데믹으로 라이브 커머스가 본격적으로 성장하면서 판매 방송의 형태도 다양하게 변화하며 진화를 거듭하고 있다. 현재 가장 눈에 띄는 방송 포맷은 크게 3가지로 분류할 수 있는데 하나씩 살펴보자.

첫 번째, '1인 방송' 스타일이다. 엄밀히 말하면 중국의 왕홍 중심 라이브 커머스와 유사한 형태라고 할 수 있다. 마치 영상통화를 하듯 셀러와 고객이 1대 1로 소통하며 진행하는데 스튜디오와 장비, 전문 인력 섭외 등 제작비나 마케팅 비용 부담 없이 꾸준히 지속해서 라이브 커머스를 할 수 있고 시청자와 밀착된 공감대

형성 방식 덕분에 일반인 셀러라도 팬덤을 쌓아가는데 유리하다.

두 번째, 'TV홈쇼핑' 스타일이다. 아무래도 라이브 커머스가 TV 홈쇼핑과 유사한 점이 많고, 많이 성장했다고는 하지만 아직 초기 시장이다 보니 제작자나 셀러가 TV홈쇼핑 출신이거나 TV홈쇼핑을 벤치마킹하는 경우가 많았다. 이 스타일은 30년 가까이 된 TV 홈쇼핑을 통해 검증받은 안전한 판매 방송 방식이긴 하지만 최근 들어 재미를 추구하는 시청자들의 기대 수준이 높아지면서 TV홈쇼핑 방식에 예능적인 디테일이 결합하는 추세이다.

세 번째, '쇼 혹은 예능 방송' 스타일이다. 이 스타일은 첫 번째, 두 번째 스타일보다 진화한 형태로 판매와 예능이 결합한 스타일인데 대형 플랫폼에서 주로 셀럽이 셀러로 출연하며 좋은 반응을 보이고 있다. 얼마 전에는 모 식품 회사 방송에서는 웹 예능으로 스타덤에 오른 유명 개그맨들이 출연해 그들이 하는 예능을 그대로 재연하는 형식으로 방송하면서 무려 시청 뷰 수가 65만이 넘는 등 폭발적인 반응이 일어나기도 했었다.

꼭 유명한 인플루언서가 출연하지 않더라도 심야 주점을 콘셉트로 셀러가 주점 사장 역할을 하며 상품을 손님에게 안주로 제공하며 시청자들과 소통하는 방송도 있고 스낵 종류를 판매하면서 '인간 사료'라는 타이틀을 붙여 눕방으로 스낵을 먹는 모델을 관찰하며 캐스터와 해설자가 중계방송을 하는 관찰 예능 형식으로 라이브 커머스를 진행하는 방송도 있다.

'사기 위해 보는 것이 아니라 보기 위해 들어왔다가 사는 것!' 이것이 요즘 라이브 커머스를 보는 시청자들의 분위기이다. 시청 집중 시간이 짧은 모바일의 특성상 라이브 커머스를 하는 사람들의 가장 큰 과제는 시청자가 오랫동안 방송을 보도록 해 결국은 사도록 하는 것이다.

1인 방송 형태이든 TV홈쇼핑과 유사한 형태이든 이제 셀러는 판매자와 방송인을 넘어 예능인의 면모도 갖추어야 한다. 재미없고 흥미롭지 않은 라이브 커머스 판매 방송은 이제 시청자들이 더는 관심을 두지 않는다.

# 셀러의
# 외적 이미지

첫 책『라이브 커머스 성공 전략』에서 많은 지면을 할애해 셀러의 외적 이미지가 중요함을 강조했었다. 누군가를 설득할 때 시각적 요소는 55%, 목소리나 발음, 높낮이 등 청각적 요소는 38%나 영향을 주지만 말의 내용은 고작 7% 정도밖에 영향을 주지 못한다는 '메라비언의 법칙The Law of Mehrabian'에 "보이는 게 그렇게 중요하다고? 나는 겉모습보다 상대방의 말이나 마음이 더 중요하다고!" 하며 동의하지 못하는 분도 많을 듯하다.

하지만 이 법칙이 모든 상황에서 100% 다 적용된다고 말할 수는 없지만 판매나 거래를 해야 하는 상황이라면 적용될 수밖에 없음을 인정해야 한다. 많은 사람이 그렇겠지만 나 역시 방송이나 강의를 위해 헤어 스타일과 메이크업을 신경 써서 하고 옷을 잘 차려 입을 때와 외출하지 않고 집에만 있거나 동네 마트에 갈 때 모습은 많이 다르다. 집 근처에 나갈 때는 선크림 정도만 바를 뿐 그 외 부분은 크게 신경 쓰지 않는다. 최근까지도 마스크를 쓰고 다녔으니 더 신경 쓸 일이 없었다.

그런데 참 신기한 점은 쇼핑하러 가서 물건 값을 흥정할 때 내가 외모와 옷에 신경 쓴 날과 그렇지 않은 날이 많이 다르다는 것이다. 신경 쓴 날은 대부분 흔쾌히 받아들여지는 경우가 많은데 신경 쓰지 않은 날에는 흥정이 잘 먹히지가 않는다. 심지어 아파트 관리 사무소에 가서 무언가를 건의할 때도 비슷한 경우가 많았다. 상대가 남자이든 여자이든 마찬가지였다. 그들이 일부러 겉모습으로 사람을 차별하는 것은 절대 아니다. 이는 직관적으로 느껴지는 인간의 자연스러운 본능이며 인지상정이다.

고객의 입장에서 물건을 사러 갈 때도 이러한 경험은 종종 하게된다. 우리 동네에는 규모가 제법 있는 반찬 가게가 두 곳이 있다. 한 곳은 두 마디 물어보기가 무서울 정도로 직원들이 무표정한 얼굴에 늘 피곤에 찌들어 부스스한 모습이다. 그래도 반찬 종류가 많고 가격도 저렴한 편이고 딱히 다른 대안도 없고 해서 동네 사람들이 많이 이용했었다.

그러다 어느 날 인근에 또 한 곳의 큰 반찬 가게가 생겼다. 깔끔하게 정리된 매장에는 반찬들이 위생적인 용기에 정성스럽게 담겨 있고 종업원들은 과하지 않은 정갈한 화장에 깨끗한 유니폼을 입고 늘 손님들에게 웃으면서 인사한다. 기존 반찬 가게와 비교해 반찬 맛도 괜찮았고 종류도 비슷하게 다양했으며 가격 차이도 크게 나지 않았다.

과연 이 글은 읽은 독자들이 나라면 어느 반찬 가게에 가고 싶은가? 사실 이건 물어볼 필요도 없다. 직원들의 모습과 태도 덕에 최근에 생긴 반찬 가게 반찬들이 더 신선하고 더 위생적이며 더 맛있게 느껴진다. 그리고 내가 직접 만들지는 않았지만 그래도 가족들과 좋은 반찬을 먹는다는 만족감마저 생겨 기분이 좋다.

우리 동네 반찬 가게로 예시를 들며 비교했지만 라이브 커머스 세계도 이와 크게 다르지 않다. 한 번씩 판매 방송을 모니터하다 보면 머리카락이 음식물에 닿을 만큼 길게 늘어뜨리고 있다던가 아름다움의 가치를 전달해야 하는 화장품이나 주얼리, 의류 등을 판매하면서 자다 일어나 세상만사 귀찮은 듯한 모습으로 방송하는 셀러를 볼 때가 있다.

반대로 외모에 너무 신경 쓴 나머지 식품 판매 방송과는 어울리지 않게 긴 속눈썹을 붙이고 입술에는 번쩍거리는 빨간색 립

스틱을 바르고는 음식 먹는 모습을 보여주는데 음식에 립스틱이 묻지 않을까 보는 내가 조마조마하기도 한다. 화장은 상품의 특성에 맞게 정갈하면서 과하지 않게 하는 편이 좋다.

또 셀러 중에는 방송에서 잘 웃지 않는 분이 있다. 어떤 말을 해도 무표정에 무덤덤이다. 왜 웃지 않느냐고 물어보면 원래 잘 안웃는 성격이라는 대답이 돌아온다. 이런 표정은 시청자의 구매욕을 자극해 물건을 팔아야 하는 셀러의 표정으로는 적합하지 않다. 웃고 싶지 않은데 억지로 웃는 모습을 하면 보는 이도 어색하긴 하지만 기본적으로 환하게 미소 띤 얼굴은 시청자들에게 호감을 주어 셀러를 친절하고 친근하게 느끼게 한다.

라이브 커머스는 친한 친구와 대화하듯 진행하는 판매 방송이다. 좋아하는 친구를 만났을 때 나오는 가장 편안하고 즐거운 표정, 그게 바로 셀러가 시청자들에게 보여야 할 표정이다.

"1인 방송은 형식에 얽매이지 않고 자유롭게 하는 거라고 하지 않았나요?"라고 물어볼 수도 있을 듯하다. 1인 방송으로 개인 콘텐츠를 만들거나 일상을 공유하는 브이로그가 목적이라면 아무 상관 없다.

하지만 판매 방송은 다르다. 수학처럼 정답과 오답이 있는 건 아니지만 라이브 커머스 셀러는 상품을 판매하는 사람이고 상품을 잘 판매하기 위해서는 셀러의 이미지가 상품의 신뢰에도 영향을 주며 나아가 그것이 결국은 셀러의 브랜드가 됨을 라이브 커머스 셀러라면 잊지 않아야겠다.

# 사투리는
# 교정해야 할까?

라이브 커머스는 TV 홈쇼핑이나 지상파·종편 방송처럼 전문적인 장비와 스튜디오가 필요한 방송이 아니기에 장소나 공간에 크게 제약이 없다. 이제는 서울을 넘어 점점 지방에도 라이브 커머스 바람이 불면서 지역에서도 자체적으로 라이브 커머스 방송을 하거나 사는 곳은 서울이지만 억양에서는 아직 진한 지방색이 남아 있는 분들도 라이브 커머스 방송에 많이 도전하고 있다.

사투리를 감추기 위해 어설픈 서울말을 하느라 말끝만 어색하게 올리는 사람, 말에 감정이 담기면 혹 사투리가 튀어나올까 잔뜩 긴장하며 국어책 읽듯 말하는 사람, 이 사투리 저 사투리 섞여 사용하다 보니 도리어 묘한 북한 사투리처럼 말하는 사람도 있었다.

내가 그냥 있는 그대로 자연스럽게 하시라고 하면 사투리 때문에 자유롭게 말하는 게 신경 쓰인다며 그래도 방송인데 표준어를 써야 하는 거 아니냐고 물어보신다. 어느 분은 스피치라도 배워 사투리를 교정해야 하지 않느냐고 묻기도 한다.

만약 사투리가 너무 심해 시청자들이 무슨 말을 하는지 이해하지 못할 정도이거나 판매를 위한 핵심 단어가 다른 지역 사람들은 알아들을 수 없는 그 지역만의 억양이라면 문제가 될 수도 있다. 하지만 사투리 억양이 좀 있다고 해서 그걸 굳이 교정하려고 노력할 필요는 없다고 본다.

요즘은 지상파 프로그램 MC 중에서도 아예 대놓고 사투리로 방송하는 사람도 많다. 내가 아는 지방의 한 아나운서 출신 스피치 아카데미 원장님은 아예 자신의 인스타그램 프로필에 본인을 '사투리 쓰는 아나운서'라고 소개 글을 써놓을 정도이다.

몇 년 전 〈마스터셰프 코리아〉라는 요리 서바이벌 프로그램에서 굉장히 눈에 띄는 심사위원을 봤는데 바로 김소희 셰프이다. 그녀는 오스트리아에서 요리 공부를 한 부산 출신이다.

한국에서 공부한 셰프도 아닌 외국 유학파 셰프가 찐한 부산 사투리로 본인의 의견과 심사평을 이야기하는데 상당한 카리스마와 묘한 매력이 느껴졌다. 여전히 김소희 셰프의 사투리는 그녀만의 독보적인 캐릭터가 되고 있다.

대구에 사는 내 교육생은 본인 집 작은방에 놓인 행거에 니트를 걸어놓고 라이브 커머스로 옷을 판매한다. 예쁘장하고 귀여운 외모의 그녀는 대구 사투리로 판매 방송을 하는데 내가 그 사투리에 홀딱 반해 방송을 계속 보게 되었다. 대구 사투리가 그렇게 사랑스러운지 그녀 덕에 처음 알았다.

대구에 살며 대구 사투리로 말한다고 대구 사람들에게만 니트를 파는 건 아니다. 라이브 커머스는 전국 생방송이다. 입에 착착 감기는 귀여운 대구 사투리로 그녀는 월 100만 원의 수익을 올린다고 내게 자랑했다. 이렇듯 사투리는 문제가 되지 않는다. 어차피 완벽한 표준어를 구사할 수 없다면 차라리 자연스럽게 말하는 게 더 좋다고 생각한다.

# 텐션이 높지 않은데 연기를 해야 할까?

어느 라이브 커머스 셀러 면접 장소에서 만난 한 지원자에게 내가 "본인은 셀러로서 어떤 캐릭터라고 생각하세요?"라고 물었는데 너무 의외의 대답을 했다.

"저는 상당히 소심하고 얌전한 성격이지만 방송 때는 확 달라져서 노홍철 같은 괴짜 스타일로 진행해 보려고 해요."

"네? 괴짜 스타일요? 본인은 조용하고 차분한 스타일이라면서요? 그럼 연기를 하시겠다는 건가요?

"네. 저는 연기로 그렇게 할 자신이 있어요."

또 내 교육생 중 또 다른 분도 캐릭터에 대한 고민이 있었다. 자신의 목소리가 조곤조곤하고 정적인 성향인데 연기를 해서 목소리와 말투를 좀 오버스러워 보이도록 하는 건 어떻겠냐고 내게 질문을 했다. 그 교육생은 누가 들어도 듣기 좋은 안정적이고 신뢰감이 넘치는 목소리를 갖고 있었기에 내가 그녀에게 되려 다음과 같이 질문했다.

"연기로 목소리와 말투를 바꿔서 한 시간 동안 그걸 유지하면서 할 자신이 있으세요? 그럼 그렇게 한번 해보세요."

지금도 강의나 교육에서 라이브 커머스 예비 셀러들을 만나다 보면 가장 많이 받는 질문 중 하나가 셀러로서의 캐릭터를 어떻게 잡아야 할지 모르겠다는 것과 또 하나, 자신이 텐션이 높은 편이 아닌데 라이브 커머스 방송을 잘 할 수 있을지 고민이라는 이야기를 자주 듣는다.

우리는 연기자가 아니다. 연기자들은 대사를 더 잘 전달하기 위해 발음과 발성에 대한 훈련을 꾸준히 한다. 그런 노력은 라이브 커머스 셀러도 분명히 필요하다. 하지만 우리는 배우가 아니기 때문에 한 시간을 완벽히 다른 사람으로 빙의해서 연기를 할 수 없고 그건 진정성 있는 셀러를 보기 원하는 시청자에게도 예의가 아니라고 생각한다.

타고나게 미친 텐션으로 시청자들을 장악해서 한시도 눈을 뗄 수 없도록 재미있게 만들 수 있다면 더할 나위 없겠지만 모든 사람이 그럴 수 없고 모든 판매 방송을 그렇게 할 필요도 없다고 생각한다. 처음 라이브 커머스 셀러로 활동하려는 사람들은 TV홈쇼핑의 쇼호스트와 같아야 한다고 생각하는 경향이 있다.

하지만 TV홈쇼핑도 예전처럼 막 소리를 크게 지르거나 오버스럽게 행동하며 판매하지 않는다. 진정성 있는 본인의 모습 그대로를 보여주면서 자연스럽게 말하고 시청자와 눈맞춤을 하려고 한다.

그러니 라이브 커머스라는 개방적이고 즉시성과 유동성이 보장된 모바일 방송에서는 더더군다나 기존 제도권에서 봤던 그 어떤 모습이라도 답습할 필요가 없다. 본인의 모습 가운데 가장 자신 있고 매력적인 부분을 찾아 그걸 캐릭터로 삼아 시청자들에게 어필하면 된다. 목소리가 작으면 마이크를 쓰면 되고 조근조근 차분하면 한 두 단계 정도의 톤을 올려서 듣기 편하면서도 기분 좋은 표정과 매너를 보이면 된다. 연기자가 되려 하지 말고 셀러인 '나' 자체를 어필하자.

# 말을 잘하는 셀러가
# 방송을 잘하는 셀러인가?

라이브 커머스 판매 방송은 셀러 혼자 1인 방송 스타일로 하기도 하지만 셀러 2명이 함께 진행하는 예도 많다. 이럴 때 셀러끼리 쿵작쿵작 합이 잘 맞으면 웬만한 예능 프로그램 못지않게 방송이 재미있다. 둘이서 할 말 다 하지만 멘트가 겹치지도 않는다. 궁합이 잘 맞는 파트너와는 눈만 마주쳐도 숨소리만 들어도 상대방의 의도를 알아차린다.

그렇게 되기까지 서로 교감과 친분, 신뢰가 쌓여야 하기에 그럴 만한 시간이 필요한 건 사실이다. 이렇게만 된다면 아무 걱정이 없겠지만 실상은 그렇지 않을 때가 더 많다. 서로 배려하느라 멘트를 미루는 것도 문제지만 각자 자신이 더 많이 말하려고 틈을 주지 않은 셀러 때문에 눈살이 찌푸려지는 예도 있다.

이런 방송을 보고 있노라면 2명의 셀러가 마치 출발선을 벗어난 경주마처럼 전력 질주하듯 각자 경쟁적으로 말을 쏟아내느라 바쁘다. 서로 주도권을 잡기 위한 팽팽한 신경전이 방송 끝까지 가는 일도 있고 기선을 제압한 승자의 멘트에 패자가 슬쩍 끼어들었다가 승자에게 멘트가 처참히 무시되는 상황도 있다.

누가 보기를 바라는 방송이길래 저렇게 멘트 욕심을 부리는 것일까? 방송 내내 끊임없이 말을 많이 하는 게 정말 잘하는 거라고 생각하는 것일까? 캐스팅 권한을 가지고 있는 판매사나 대행사 관계자에게 마치 '나 말 잘하죠? 내가 쟤보다 더 잘하죠?' 이렇게 보여주고 싶어 하는 것 같다.

두 사람이 함께 방송을 진행할 때는 특히 명백한 선배와 후배의 관계라고 해서 무조건 한 사람이 일방적으로 주도권을 쥐고 '내가 알아서 할 테니 너는 요령껏 끼어들어라'라고 요구할 것이 아니라 사전에 충분한 대화를 통해 방향을 함께 설정하는 것이 좋다. 메인 셀러로 중심을 잡고 방송을 진행하는 사람은 당연히 필요하지만 경력이 짧은 셀러라고 해서 꿔다 놓은 보릿자루처럼 세워놓기만 해서는 안 된다는 말이다.

이 대목은 전문 쇼호스트끼리의 진행뿐 아니라 셀럽과 쇼호스트, 생산자와 쇼호스트, 회사 대표와 직원 등 한 방송에 2명 이상의 셀러가 출연하는 상황이라면 모두 해당하는 말이다. 두 사람 사이에 명백히 경력의 차이 혹은 선후배 관계가 있다 하더라도 시청자로서는 둘 중 누가 선배이고 누가 후배인지 알 필요도 없고 그러한 면이 지나치게 티가 나는 걸 보는 게 불편할 수도 있다.

이때 원활한 진행을 위해서는 사전에 대략적인 큐시트를 작성해 한 사람은 이런 부분 또 한 사람은 저런 부분을 맡는 것으로 큰 틀에서 롤을 정하면 된다.

간혹 이렇게 정해 놓고 자기가 해야 할 멘트만 신경 쓰느라 상대방이 무슨 말을 하는지 제대로 듣지 않는 사람도 있는데 그것만큼 아마추어 느낌이 나며 어색한 것이 없다. 라이브 커머스의 가장 큰 매력은 소통이라고 거듭 말했다. 셀러와 시청자와의 소통도 중요하지만 셀러와 셀러 간의 소통은 더 중요하다. 귀를 열어서 옆 사람이 무슨 이야기를 하는지 잘 듣고 흐름을 타면서 리액션하면 훨씬 방송이 재미있고 자연스럽다.

대화가 물 흐르듯이 자연스럽게 연결되게 하는 가장 쉬운 방법은 셀러 ①이 A를 이야기하면 셀러 ②가 바로 본인이 할 이야기인 B로 넘어가는 것이 아니라 셀러 ①의 말에 "좋은 생각이네요!" "맞아요. 정확한 표현이에요!" 등과 같이 호응하거나 셀러 ①의 말

에 조금 더 덧붙여 정보를 주고 본인이 말하고자 하는 B의 내용
으로 연결하는 것이다. 예를 들어보겠다.

> 셀러 ① : "사과가 빛깔이 너무 곱고 예쁘네요. 흠집 하나 없이 모양도
> 예쁘고 정말 탐스럽게 생겼어요(A)."
> 셀러 ② : "(맞장구치며) 맞아요~ 먹기도 아까울 정도로 예쁘고 크기도
> 대과라서 선물 받으시는 분들이 정말 좋아하실 것 같아요(A⁺). 그리고
> 지금 댓글을 보니까 '신선해 보인다' '맛은 어떠냐' 이런 내용이 많이
> 올라오는데 여러분이 예상하시는 대로 새콤달콤 아사삭 맛도 끝내
> 줍니다(B)."

이렇게 하면 셀러 ①은 사과의 모양과 빛깔을(A), 셀러 ②는 사
과의 모양과 빛깔에 크기에 관한 정보를 더한 후(A⁺) 이어 시청자
들의 댓글을 소개하며 자신이 맡은 역할인 맛에 관한 정보(B) 까
지 자연스럽게 연결할 수 있다.

라이브 커머스 셀러라면 시청자들에게 방송을 보는 도중 숨을
쉴 수 있는 여유를 주어야 한다. 보는 사람도 숨이 막힐 정도로 말
을 쏟아내는 말 잔치 판매 방송을 시청자들은 계속 봐주기가 힘
이 든다. 또한 시청자와의 댓글 소통만 신경 쓸 것이 아니라 옆에

서 함께 방송을 진행하고 있는 파트너와 호흡을 맞추고 같은 방향으로 방송을 진행하고 있는가를 늘 염두에 두어야 한다.

최근 라이브 커머스 트렌드를 보면 '공감'과 '예능적 요소'가 갈수록 중요해지고 있다. 셀러 간의 조화로움은 라이브 커머스 시청자들이 좋아하는 '공감'과 '예능적 요소'를 갖추기 위한 가장 기본적인 부분이다. 무조건 많은 말을 막힘없이 술술 쏟아내는 게 시청자들이 열광하는 프로 셀러라는 착각은 버리길 바란다.

# 식품 방송 때
# 요리를 처음부터 해야 하나?

식품은 라이브 커머스 상품 중 판매 비중이 가장 높은 상품군이다. 아무래도 그동안 코로나19로 외식이나 장보기에 제약이 있다보니 온라인을 통한 먹거리 쇼핑이 많이 이루어지고 있고 특히 라이브 커머스는 먹방을 보며 쇼핑할 수 있다는 재미 요소가 있기에 식품이 더 인기가 많다. 그래서 교육하러 가면 식품 방송 노하우에 관해 물어보는 분도 그만큼 많다.

특히 판매하는 식품의 요리 시연을 할 때 처음부터 보여주어야 하는지 조리 중간 과정을 보여주어야 하는지에 관한 질문이 많은데 결론부터 말하자면 그건 전적으로 셀러 마음이고 셀링포인트를 어디에 두느냐에 따라 달라질 수 있다.

예를 들어, 급속동결 오징어를 판매할 때 오징어 볶음 시연을 준비했다고 가정하자. 급속동결 오징어는 오징어를 잡자마자 바로 급랭하므로 생물 오징어와 비교해도 식감이나 맛에 있어 다를 바 없이 신선하고 맛있음을 강조한다면 굳이 조리하는 과정 전체를 보여줄 필요는 없다.

요리하는 모습을 처음부터 보여주겠다고 한다면 미리 준비한 채소를 종류별로 적절히 썰고, 양념장을 만들고, 냉동 오징어를 해동하여 먹기 좋은 크기로 잘라놓는 모습부터 해야 한다.

하지만 그러기에는 시청자가 지겨울 수도 있고 바쁜 시청자라면 방송 중간에 이탈하기 쉽다. 그러니 굳이 채소를 썰고 양념장을 만드는 과정까지 보여줄 필요는 없다고 생각한다. 오징어 역시 해동 후 손질하여 부위별로 하나하나 써는 걸 보여주기에는 시간이 너무 오래 걸린다.

그러니 방송 전에 채소는 미리 썰어놓고 양념장도 미리 만들어두고 오징어도 해동해 손질한 후 살짝 데쳐 먹기 좋은 크기로 썰어놓자. 그 상태에서 방송을 시작하고 방송 중간에 손질해놓은 모든 재료를 팬에 넣고 버무리듯 살짝 볶은 다음 접시에 담아 맛있게 먹는 모습 중심으로 보여주면 매출에 훨씬 더 도움이 된다. 시청자들이 요리 판매 방송에서 보고 싶은 것은 판매하는 재료로 얼마나 간편하고 맛있게 요리할 수 있느냐이기 때문이다.

그리고 시청자들이 1시간 내내 판매 방송을 보고 있으리라고 생각하면 안 된다는 건 내가 계속 말하고 있으니 절대 잊으면 안 된다. 그러니 방송에서 보여주고 싶은 부분에 더 많은 시간을 할애하고 다른 부분은 비중을 줄이거나 과감하게 생략하는 것도 하나의 방법이다.

만약 시청자들에게 처음부터 요리 전 과정을 보여주는 식품 판매 방송을 하고 싶다면 레시피 소개 등 전체적인 진행 과정에서 계속 상품이 어필될 수 있도록 해야 한다.

만약 식품 판매 방송 셀러가 시청자들에게 요리 잘하기로 알려진 유명 인플루언서라면 그들이 그 상품을 사용한다는 것만으로도 마케팅 효과가 있다. 조리 기구는 어떤 걸 쓰는지, 양념은 어느 브랜드 제품을 사용하는지, 앞치마는 어디서 샀는지 등 굳이 따로 소개하지 않아도 시청자들이 매의 눈으로 알아내려고 노력하기 때문이다.

하지만 일반인 셀러가 요리 방송으로 상품을 판매한다면 디테일하고 전략적으로 상품을 어필해야 한다. 앞서 언급한 가쓰오부시 소스를 판매하는 P상무가 자사 상품으로 김치우동전골을 만드는 전 과정을 보여준다고 예를 들어보자.

김치를 볶을 때 가쯔오부시 소스를 넣어 간을 맞춘다면 "이 소스를 김치 볶다가 한 스푼 넣어주세요"라고 설명하고 다음 과정으로 넘어갈 것이 아니라 김치를 볶는 중에도 "한 스푼만 넣어도 충분한 이유가 300일 동안 숙성했기 때문에 적은 양만 넣어도 깊은 맛이 우러나요" 하는 식으로 시청자에게 상품의 핵심 장점을 함께 설명해야 한다.

그리고 전골에 넣을 그 외 재료인 유부, 어묵, 버섯 등의 재료를 손질하면서도 "일반적으로는 가쯔오부시 원료를 동남아에서 수입해 여러 가지 원료 배합하여 소스를 만드는데, 저희 제품은 국내산 원료로 300일 동안 숙성했기 때문에 이렇게 다양한 재료와 섞여도 소스 맛만 도드라지지 않고 자연스럽게 어우러져 정말 맛있어요!"라고 요리하는 중간마다 상품의 특징을 부각해야 한다.

끝이 아니다. 요리를 완성하고 맛을 볼 때도 완성된 요리에만 초점을 맞출 것이 아니라 "소스 맛이 너무 강하면 어떤 재료로 어떻게 요리해도 맛이 똑같은데요. 저희 소스는 조연 역할을 너무 잘하기 때문에 주연인 원재료들의 맛을 기가 막히게 살려줘요. 육수 낼 필요 없이 딱 소스 두 스푼만 넣었는데도 국물 맛이 정말 시원하고 깊은 맛이 나요"라고 굳히기까지 해야 한다.

즉 이 소스가 왜 맛있는지, 이 소스를 사용하면 왜 빠르고 편하게 요리할 수 있는지를 요리하면서도 계속 알려주어야 한다.

　시청자들에게 왜 이 상품을 사야 하는지가 명확히 전달되지 않으면 판매 방송이 아닌 요리 정보 전달 프로그램으로 끝날 수 있다. 시청자들이 집에 있는 다른 대체 상품으로 만들면 되겠다고 생각할 게 아니라 바로 셀러가 파는 저 상품이 꼭 있어야 저렇게 맛있는 요리를 뚝딱 할 수 있겠다는 생각이 들도록 해야 한다.

　라이브 커머스 식품 판매 방송의 핵심은 요리 전 과정을 보여주거나 주요 포인트만 보여주는 게 아니라 보기에도 맛있는 요리로 시청자들의 구매를 유도하여 상품을 파는 것임을 잊지 말자!

# 상품의 셀링 포인트는
# 어떻게 잡아야 할까?

첫 책『라이브 커머스 성공 전략』에서 라이브 커머스 판매 방송으로 상품을 팔 때 상품의 셀링 포인트 잡는 방법과 더 잘 팔리게 하는 판매 전략에 관한 내용을 꼼꼼하게 담았었는데, 출간 후 많은 독자가 이 내용으로 많은 도움을 받았다고 피드백해주었다.

그런데 한 번도 이런 고민을 해보지 않은 분들은 막상 혼자 해보려니 아직 막막한 부분이 있다는 피드백도 주었다. 그래서 이번 책『오늘 방송도 완판!』에서는 그러한 분들을 위해 더욱더 쉽게 상품 셀링 포인트를 찾아 판매 전략을 세울 수 있도록 내가 직접 만든 워크시트를 첨부했다.

지금까지 사전에 정리나 준비 없이 그냥 막무가내로 무작정 방송을 켜고 생각나는 대로 판매 방송을 했던 셀러나 상품 공부는 많이 했지만 내용이 뒤죽박죽 섞여 정리가 잘되지 않는 셀러가 있다면 방송 전에 반드시 이 워크시트 2가지를 이용해서 한번 정리해보길 권한다.

외출 전에 휴대전화 배터리를 꽉 채워 충전하듯, 어떤 요리든 척척 만들 수 있게 냉장고에 각종 식자재를 그득히 준비해둔 것처럼 든든함을 느낄 수 있을 것이다. 이 흐름대로 쭉 작성하다 보면 셀링 포인트가 저절로 완성된다.

또한 신뢰를 높이고 허점을 보강하여 상품이 더욱더 잘 팔리게 하는 판매 전략 워크시트로 첨부했으니 찬찬히 고민하며 하나씩 채워 넣다 보면 고객이 어떤 질문을 하더라도 자신 있게 응대할 수 있을 것이다.

## 셀링 포인트 정하기

| | |
|---|---|
| ①<br>판매 상품 | |
| ②<br>구성 | |
| ③<br>가격 | |
| ④<br>주요 타겟 | |
| ⑤<br>상품 특징 | |
| ⑥<br>경쟁 상품과<br>공통점 | |
| ⑦<br>경쟁 상품과<br>차별점 | |
| ⑧<br>⑤~⑦ 공통 내용 | |
| ⑨<br>⑧번에서<br>타겟 고객이 가장<br>좋아할 3가지 | |
| ⑩<br>⑨번에서<br>타겟 고객이 가장<br>좋아할 딱 한 가지 | |
| ⑪<br>⑨⑩번 참고해<br>애칭 만들기 | |

# 신뢰를 높이고 헛점을 보이지 않는 판매 전략

| 상품의<br>단점, 약점 | | 강<br>점<br>화 | |
|---|---|---|---|
| 인증, 상, 기술,<br>노하우 등 | | | |
| 다양한 사용 팁 | | | |
| 배송 상태 / 일정 | | | |
| 상품 관련<br>재미있는 경험,<br>사연, 스토리 등 | | | |
| 당장 사야 할 이유 | | | |

# 꼭 지켜야 할
# 라이브 커머스 심의

*출처: 한국소비자원 라이브 커머스 광고 실태 조사(2020)

순항 중인 라이브 커머스에 제동이 걸릴 수도 있다는 소식이 들린다. 라이브 커머스는 특별한 제약이 없어 누구나 할 수 있기에 진입 문턱이 낮은 데다 더 많은 시청자의 관심을 끌기 위해 갈수록 재미와 자극을 추구하는 방송을 지향한다.

그러다 보니 무분별하게 과장되거나 부적절한 표현을 남발하는 판매 방송이 늘어났고 이에 따라 라이브 커머스도 법정 제재를 강화해야 한다는 목소리가 높아지고 있다.

현재 라이브 커머스 규제 관련법이 국회에 계류 중인 상황이고 식약처에서는 얼마 전 주요 12개 라이브 커머스 플랫폼을 대상으로 소비자 보호를 위한 책임과 역할을 강화할 것을 당부했다. 그 이후 네이버를 비롯한 몇몇 라이브 커머스 플랫폼은 자체 모니터링을 강화해 문제가 되는 방송에는 강력한 패널티를 주고 있다. 특히 소비자를 기만하는 사례가 빈번한 식품과 이미용품에 촉각을 곤두세우고 있는 상황이다.

라이브 커머스는 TV홈쇼핑처럼 방송을 통해 상품을 소개하고 판매한다는 점은 똑같지만 TV홈쇼핑보다 콘텐츠 심의 및 소비자 규제는 아직 많이 미흡하다. TV홈쇼핑 사업자는 통신판매업자로서 판매에 대한 책임을 지고 있지만 네이버, 카카오, 11번가, 쿠팡 등 라이브 커머스 플랫폼 사업자는 전자상거래법상의 통신판매 당사자가 아닌 통신판매 중개업자로 판매 당사자가 아니라는 것만 사전에 알리면 책임을 면할 수 있다.

그래서 소비자를 보호해야 하는 몫은 오롯히 판매자에게 돌아간다. 그러다 보니 만약 영세한 판매자가 법적인 제재나 소비자 민원이 걸렸다면 치명적인 데미지를 입을 수밖에 없다.

또한 TV홈쇼핑은 허위, 과장 광고, 청약 철회 고지, 품위 유지 등에 관한 방송 심의를 받지만 라이브 커머스는 정보통신 영역으로 분류되기에 불법, 위해 정보만 심의를 받고 방송 심의에서는 제외된다.

소비자 보호, 콘텐츠 심의에서는 라이브 커머스와 TV홈쇼핑의 차이가 존재하지만 TV 홈쇼핑이든 라이브 커머스든 반드시 공통으로 지켜야 하는 법규가 있다. 바로 '표시광고법<sup>표시·광고의 공정화에 관한 법률</sup>'이다. 여기에는 라이브 커머스 판매 업체, 플랫폼 회사, 방송 진행자, 대행업체 등 누구도 예외 없이 법령 위반 시에는 법적 처벌 대상이 될 수 있음을 인식해야 한다.

## 식품

농민을 대상으로 하는 라이브 커머스 교육을 진행한 후 첫 실습 결과물을 보면 대다수 농민이 인터넷 검색을 통해 찾은 과장된 정보인 '항암 효과가 있다' '혈압을 낮춘다' '없던 머리카락이 난다' 등의 표현으로 자신의 농산물을 의약품으로 둔갑시키는 모습을 종종 볼 수 있다.

식품은 자연식이든 일반식이든 맛과 신선함, 객관적인 영양 성분 등을 홍보하며 팔아야지 이 이상 과장해서는 절대로 안 된다. 왜냐하면 식품은 '식품 등의 표시·광고에 관한 법률' 적용 대상이기 때문이다.

식품 판매 방송에서 더욱더 주의해야 할 점은 질병을 예방한다거나 치료에 효능이 있는 것처럼 표현해서는 안 된다는 것이다.

예를 들어, 타트 체리가 우울증과 불면증을 완전히 없애 준다거나 석류즙이 갱년기 증상과 혈액순환 장애, 노화와 치매를 막는다고 표현한다거나 유산균이 여성 질환과 아토피 등을 낫게 한다는 등의 과장되거나 거짓된 표현은 식품 표시광고법 위반으로 법적으로 제재를 받을 수 있다.

또 효능과 효과를 부각하기 위해 거짓 멘트를 해서도 안 된다. 예를 들어, 차를 판매하면서 '하루 안 마셨더니 온몸이 퉁퉁 부었다'라거나 '이걸 마셨더니 머리카락이 풍성해지는 느낌이다'라는 등 일반적인 식품에서는 하면 안 되는 근거 없는 과장성 멘트는 절대 금물이다.

건강기능식품이라면 한국건강기능식품협회로부터 사전 광고 심의를 받아야 하고 사전 광고 심의를 받지 않은 건강기능식품은 라이브 커머스로 판매 방송을 할 수 없다. 방송하더라도 한국건강기능식품협회로부터 사전 심의를 받은 문구 내에서만 표현해야 하는 점도 명심하자.

식품으로 라이브 커머스 판매 방송을 하는 셀러가 점점 많아지는 만큼 이 기준은 반드시 기억하고 지키길 당부한다.

# 화장품

식약처 기준<sup>화장품법 표시 광고 준수사항</sup>으로 화장품은 '인체의 청결, 미화 등을 목적으로 사용되는 물품으로 인체에 대한 작용이 경미한 것'으로 규정되어 있다. 그래서 상품의 효능이 화장품의 범위를 넘어서는 표현은 소비자가 잘못 인식할 수 있기에 부당 광고 행위로 규정한다.

다시 말해 일반 화장품을 홍보할 때 '피부를 맑고 깨끗하게 한다' '피부를 건강하고 탄력 있게 유지한다' '손상을 막아 피부를 보호한다' '머리카락에 윤기와 탄력을 준다' 정도로만 표현해야지 기능성 제품 혹은 약처럼 홍보하며 판매해서는 안 된다.

예를 들면, 아토피나 항염, 항균, 홍조 개선 및 제거 등의 의약품으로 오해할 표현을 해서는 안 된다. 조금 더 자세히 설명하면 비타민 앰플을 방송하면서 '홍조 완화 효과 있음'으로 표현한다거나 영양 크림 등을 방송하면서 '항염 작용과 살균 작용 있음' 등으로 표현하는 것은 금물이다.

탈모 완화 기능성 샴푸를 판매할 때는 '발모' '탈모 방지' '모발 굵기 개선' 등으로 표현해서는 안 된다. '두피를 청결하게 관리하도록 도와 두피를 건강하게 해서 머리카락이 빠지는 속도를 조금

줄여준다' 등의 완화된 표현을 써야 한다.

천연화장품이나 유기농 화장품이 아니면서 소비자들이 착각할 수 있게 표현해서도 안 되고 일반적인 보디 크림을 판매하면서 '가슴이 커진다'라거나 '부기를 빼주고 셀룰라이트를 없애주고 탄력을 올려준다' 등의 효능이 있다고 사실과 다르게 소개해 소비자가 잘못 인식하도록 하는 표현도 해서는 안 된다.

경쟁 상품과 비교할 때는 객관적으로 확인될 수 있는 사항만 표시해야 한다. 예를 들어, '우리 제품은 향이 순해서 아이들이 좋아하는데 OO 제품은 향이 강해서 아이들이 바르지 않으려고 한다' '우리 상품이 업계 최고이고 다른 상품들은 우리 상품을 모방해서 만든 유사품이다' 등 근거 없는 '최고' '최상' 등의 절대적 표현은 사용하면 안 된다. 또한 사실이든 아니든 다른 제품을 비방하거나 시청자가 그러한 느낌을 받도록 방송해서도 안 된다.

## 공산품(의료기기법)

일반 공산품도 식품이나 이미용품과 마찬가지로 의료기기와 유사한 효능 및 효과 등이 있는 것처럼 광고하면 의료기기법 위반이 된다. 즉 의료기기로 허가나 신고를 받지 않은 일반 기기를 특정 질병에 효능 및 효과가 있음을 내세우며 의료기기처럼 판매하지 말라는 뜻이다.

예를 들면, 보통의 운동화를 판매하면서 '족저근막염, 무지외반증 통증 완화' 등의 표현을 쓴다거나 마사기기를 판매하며 '노폐물 제거' '실리프팅 효과' 등의 과장된 표현을 쓴다거나 찜질기를 판매하며 '노화 방지' '신진대사 촉진' '성인병 예방에 효과적인 원적외선 90% 이상 방출' 등의 과장된 표현을 쓴다면 이는 의료기기법 위반이 된다.

이 규제는 텍스트(자막), 사진뿐 아니라 셀러의 멘트까지 모두 포함된다. 그래서 판매 방송을 진행하는 셀러라면 이 규제 내용을 반드시 숙지해 위반하지 않도록 해야겠다.

뿐만 아니라 객관적인 자료 없이 '최대 할인' '최저가 판매' '최고' 등 절대적 표현의 용어를 사용하는 것도 표시광고법에서는 부당한 표시나 과장 광고 행위로 규정하고 있다. 예를 들면, '오늘 최고의 제품을 최저 가격으로' 등의 확인하기 어려운 절대적 표현은 금물이다.

또 부당하게 비교하는 방송도 하면 안 된다. 예를 들면, 인덕션을 판매할 때 인덕션의 우수함을 보여주기 위해 물 $500ml$를 인덕션과 가스레인지로 끓이면 어떤 화력 기구가 먼저 끓는지 보여주는 실험을 하며 인덕션에 사용한 냄비와 가스레인지에 사용한 냄비가 다르다거나 화력의 세기를 차이 나게 한다면 규제 대상이 될 수 있다. 비교를 위한 실험을 한다면 같은 조건과 환경에서 해야 한다. 만약 비교 조건이 다르거나 특정한 항목의 비교 결과를 근거로 상품 전체가 모두 우수하다고 주장한다면 이 역시 표시광고법 위반이다.

상품의 성능을 과장하는 행위 역시 금물이다. 예를 들면, 전기 매트를 판매하면서 판매 페이지에는 '전자파가 거의 발생하지 않는다'라고 작게 기재하고 상품명과 대표 사진, 멘트에서는 '전자파 없는 전기 매트'라고 강조하는 경우 등이 여기에 해당한다. 즉 어떤 상품이든 소비자 기만, 허위, 과장, 거짓 정보로 판매하면 모든 것이 규제의 대상이 될 수가 있다.

라이브 커머스가 핫해지면서 이런 부분에 대한 소비자 민원과 문제 역시 급격하게 발생하는 이유가 무엇인지 생각해보면 판매사 또는 셀러가 조금이라도 더 팔아보려는 마음에서 했던 실수가 아닐까 싶다. 라이브 커머스가 처음인 초보 판매사와 셀러에게 이러한 점을 가르쳐준 이는 아무도 없었을 테니까.

그렇다면 이러한 문제들이 더는 생기지 않도록 판매사와 셀러는 고객의 시선으로 상품을 객관적으로 바라보며 관련 규제 내용을 제대로 숙지해야 할 것이다.

첫 책 『라이브 커머스 성공 전략』에서도 나는 여러 번 이 점을 언급했었다. 라이브 커머스가 아무리 시장이 커졌다고는 하지만 아직도 성장과 발전 가능성이 큰 시장이다. 치고 빠지는 '팔이 피플'이 되어 신뢰를 잃고 시장 전체가 자멸할 것인지, 앞으로 10조 20조 30조 매출을 향해 쭉쭉 성장할 라이브 커머스라는 배에 신뢰라는 돛을 달고 순항할 건인지는 판매를 하는 판매자와 셀러의 몫이다.

# 애플사이더는 술이라서
# 방송이 안 된다고?

전국을 다니며 라이브 커머스 강연과 교육을 해보면 도시 사람들은 아직 잘 모르는 정말 좋은 지역 상품이 많음을 알게 된다. 그 지역 특산물로 만든 식초며 잼, 청국장, 사과즙 등 그분들의 자식과 같은 상품 자랑을 듣고 있자면 하나같이 다 사고 싶어진다. 그중 한 사례를 소개하겠다.

지방의 한 농업기술센터에서 1차 농산물을 사용해 가공식품으로 만드는 농업인들을 대상으로 라이브 커머스 교육을 한 적이 있었다. 약 한 달간 온오프라인을 통해 이론과 실습을 병행했고 교육 후에는 우수 교육생 3팀을 선발하여 라이브 커머스 플랫폼을 통한 실전 판매 방송을 하는 것이 최종 목표였다.

교육이 끝난 후 라이브 커머스에 맞는 상품 평가 및 교육생의 태도 평가 그리고 셀러로서의 자질 등을 고려해 최종 3팀이 선발되었는데 그중 하나가 그 지역 사과로 만든 전통주 '애플 사이더 Apple Cider'였다. 다행히 이 판매사가 네이버 스마트 스토어 빅 파워 등급이라<sub>네이버 스마트 스토어는 새싹 등급 이상부터 라이브 커머스 권한이 부여됨</sub> 네이버 쇼핑 라이브에서 라이브 커머스 판매 방송을 할 수 있게 되었다.

이번 방송은 지자체에서 적극적으로 지원하는 사업이니 만큼 판매사 입장에서는 자신의 상품을 홍보하는데 정말 엄청나게 좋은 기회였다. 나는 그 프로젝트에서 총괄 기획을 맡았는데 시청자들이 주저함 없이 지갑을 열 수 있도록 조건과 구성, 가격을 세팅하고 거기에 맞추어 상품 콘셉트를 잡아주고 셀러로 출연할 교육생에게 큐시트 작성과 방송 전략, 방송 중 동선, 상품 진열까지 알려주었다. 담당 주무관 역시 여러 루트를 통해 사전홍보를 적극적으로 진행했다.

그런데 예상치 못한 돌발변수가 생겼다. 카메라 리허설을 하기로 했던 실제 방송 일주일 전날, 전통주 판매사 셀러를 맡을 교육생에게 상품 등록이 되지 않는다는 연락을 받았다. 일반 주류가 아닌 전통주는 분명히 라이브 커머스 판매 방송이 가능하다고 알고 있는데 무슨 일인지 아무리 상품을 등록하려고 해도 입력이 안 된다는 것이다. 거 참 희한한 일이다.

사실 나는 TV홈쇼핑 경험이 길지만 TV홈쇼핑에서는 주류가 아예 방송 금지 품목이라 해본 적이 없었고 라이브 커머스에서는 전통주는 판매 방송이 가능하다고는 하지만 전통주 시장이 워낙 좁아 전통주를 다룰 기회가 없었기에 관련 정보가 거의 없었다. 이러쿵저러쿵 여기저기 알아보는 것보다 네이버에 직접 연락해서 알아보기로 했다.

직접 연락해 알아보니 일반 라이브 커머스로는 전통주를 판매할 수 없다는 답변이 돌아왔다. 방송 1주일 전에 여러 번의 컨설팅을 통해 모든 것이 다 준비되었고 홍보도 시작되었는데 이제 와서 방송을 할 수 없다니! 우리 중 그 누구도 이 상황을 예측하지 못한 정말 청천벽력 같은 상황이었다. 그래서 결국 방송을 못하게 되었느냐고?

결론부터 이야기하면 도전 라이브에서 기획 라이브로 업그레이드! 네이버에 발 빠르게 연락해 지역 농민들의 판로 개척을 위한 라이브 커머스 판매 방송이라는 취지를 잘 설명하고 도움을 요청해 결국 입점 업체들의 로망인 기획 라이브를 할 수 있게 되었다. 하마터면 방송조차 하지 못할 뻔한 상황에서 더 좋은 기회를 잡게 되어 우리는 얼마나 기뻤는지 모른다.

이를 계기로 나 역시 주류 방송에 대해 많이 배웠고 다음과 같은 라이브 커머스 지식을 업데이트할 수 있었다. 내가 배운 것을 빠짐없이 공개하니 전통주를 판매할 업체나 셀러라면 꼭 다음 사항들을 기억하기를 바란다.

① 일반 술은 라이브 커머스 판매 방송으로 판매할 수 없지만 무형문화재 기능보유자 및 대한민국 식품명인이 제조한 술, 농업인이 직접 생산한 지역 전통주는 판매가 가능하다.

② 네이버 쇼핑 라이브의 경우 도전 라이브에서는 안 되고 기획 라이브에서만 가능하다.

③ 지자체에서 생산자들을 돕는 취지의 방송이라면 기획 라이브를 할 수 있도록 네이버에서 도와준다. 다만 최소 방송 2주 전에 네이버 판매자센터 담당자에게 취지를 밝히고 협조를 구해야 한다.

④ 라이브 커머스 판매 방송에서는 판매자가 술만 보여줄 수 있을 뿐 절대 마시면 안 된다.

# 연잎밥 농부에서
# 연잎밥 장인으로

교육생 중 직접 재래 방식으로 연잎밥을 만들어 파시는 분이 계신다. 예전에는 사찰 혹은 고급 한정식에서나 맛볼 수 있었던 연잎밥이지만 요즘은 건강한 한 끼를 간편하게 먹고 싶은 젊은 세대에서도 연잎밥을 많이 먹는 추세라 나는 이 상품을 꼭 라이브 커머스 판매 방송으로 하고 싶은 욕심이 있었다.

농촌에서 농사를 지으며 디지털 트렌드와는 거리가 먼 60대 어르신인 연잎밥 대표님은 살면서 방송이라는 걸 한 번도 해보신 분이 아니다. 나는 이 분을 라이브 커머스 판매 방송에서 본인이 직접 만든 연잎밥을 직접 판매하는 셀러로 데뷔하게 하는 것이 목표였다. 그래서 가장 먼저 셀링 포인트를 잡기 위해 이 분이 만드는 연잎밥이 다른 연잎밥과 무엇이 같고 무엇이 다른지 분석하기 시작했다.

그런데 다른 경쟁 상품들과 비교하니 재료의 차이가 크게 없었다. 심지어 경쟁 상품들은 최첨단 설비를 갖추고 해썹<sup>HACCP, Hazard Analysis and Critical Control Point, 식품안전관리인증기준</sup> 인증을 받은 공장에서 연잎밥을 제조했음을 강조하고 있었다. 이런 상황에서 우리 연잎밥의 재래 방식 제조는 장점이자 단점이 될 수 있겠다 싶었다.

엄마가 손맛으로 직접 만든 음식은 좋았던 추억이나 향수를 불러일으켜 왠지 더 맛있을 것 같지만 그래도 시골 농부가 재래 방식으로 직접 만드는 연잎밥이 요즘 소비자에게 과연 어떻게 받아들여질까 고민되었다. 그러다가 불쑥 내가 그분에게 질문한 것에서 인사이트를 얻었다.

"대표님 혹시 연잎밥을 언제부터 만드셨어요?"

"제가 연잎밥에 관심을 가지고 만들기 시작한 건 음… 몇 년째지? 30년쯤 됐나 봐요."

바로 이거였다. 3년도 아니고 30년간 한 음식에만 관심을 두며 만들어온 음식이면 보통 내공이 아닐 것이다. 알고 보니 이 분은 젊은 시절부터 불교 공부를 하며 사찰음식을 만드셨다고 한다. 내가 시시콜콜 물어보기 전까지 이러한 내색을 전혀 하지 않으셨기에 나는 이 분을 단순히 평생 농사만 지으신 농부라고 생각했었다. 내가 그 이야기를 왜 지금까지 하지 않으셨냐고 묻자 말하기가 쑥스러워 하지 않으셨다고 했다.

지금까지 우리가 어디선가 연잎밥을 먹은 적이 있다면 그 연잎밥은 30년 내공의 연잎밥 전문가가 직접 재래 방식 그대로를 고수하며 만든 연잎밥이 아닐 확률이 높다. 30년 내공 연잎밥 장인이 재래 방식으로 만드는 연잎밥이라면 최첨단 설비를 갖춘 공장에서 만든 연잎밥보다 시청자들에게 더욱더 믿음이 갈 것이다.

그래서 나는 당장 그분에게 '연잎밥 장인'이라는 타이틀을 부여하고 '30년 연잎밥 장인이 직접 농사지어 만든 연잎밥을 소개한다!'로 판매 방송 콘셉트를 잡았다. '직접 농사지은 농산물을 사용해 재래 방식을 고수하며 만든 농부의 연잎밥'이라는 콘셉트만으로도 메리트가 있었지만 여기에 '30년 경력의 연잎밥 장인'라는 타이틀이 더해지니 연잎밥의 격이 한 단계 더 높아 보이지 않는가? 드디어 첫 방송 날, 결과는 어땠을까? 방송 시작 22분 만에 재래방식으로 혼자 만드신 140세트가 완판되었다.

이 사례에서 내가 하고 싶은 말은, 상품을 돋보이게 할 본인만의 경력과 스토리가 있다면 최대한 활용해야 한다는 것이다. 없는 이야기를 지어내거나 있는 이야기를 과장하며 부풀리는 것이 아니라면 본인을 내세우는 일을 부끄러워하지 말자. 자신의 경력이나 삶의 경험을 상품과 연관지어 상품을 판매하면 시청자에게 셀러의 신뢰를 높일 수 있다.

또한 단순히 상품을 소개하기보다 상품에 본인의 경험을 녹여 재미있고 인상적인 스토리로 담아내는 것도 판매에 큰 도움이 됨을 기억하자.

# 대중가수와 라이브 커머스 셀러의 공통점

과거에는 훌륭한 작사·작곡가에게 좋은 곡을 받고 가수가 노래만 잘 부르면 충분히 인정받으며 많은 인기를 누릴 수 있었다. 하지만 이제는 이러한 조건들이 기본이 되어버렸기에 크게 경쟁력이 있지 않게 되었다.

지상파와 종편 상관없이 채널별로 끊임없이 편성되는 오디션 프로그램만 보아도 어디서 저렇게 노래 잘하는 사람이 계속 나오는 걸까 싶을 만큼 가창력이 뛰어난 가수는 셀 수 없이 많아졌다.

그렇기에 요즘은 자신의 음악적 취향과 영감, 감성 등을 담아 직접 편곡하거나 작사·작곡을 해서 자신만의 노래를 부르는 싱어송라이터singer-song writer를 더욱더 인정해주는 분위기이다. 이들은 설령 폭발적인 가창력을 가지지 않았다 해도 그리움과 설렘, 사무치는 외로움과 슬픈 감정 등 사람의 희로애락을 자신만의 창법으로 사람들에게 가장 잘 전달하기에 더 찐한 감동을 주고 가수로서 생명력도 길다.

나는 라이브 커머스 셀러도 마찬가지라고 생각한다. 모든 것이 세팅된 공간에서 멘트만 잘하는 셀러는 이제 시장에서 경쟁력이 없다. 본인의 말솜씨와 끼만 믿다가는 더 잘하는 사람이 등장하면 자연스럽게 밀리는 건 당연한 이치이다. 방송 기획은 물론 카메라 세팅과 디스플레이, 사전홍보, 배송과 CS에 관한 부분까지 알아야 하고 해보아야 한다.

셀러만이 아니다. 자신이 만든 상품을 라이브 커머스 판매 방송으로 팔려는 판매사 입장에서도 이 상품을 어떤 의도로 기획해 만들었는지, 이미 사용해본 고객들이 그동안 어떤 점이 불편했고 무엇을 더 개선하기를 요구하는지 파악하여 새로운 시청자들이 공감할 포인트와 멘트도 철저히 연구해야 한다.

그리고 내가 파는 상품과 유사한 상품 혹은 경쟁 상품을 판매하는 셀러와 판매사는 어떻게 방송하는지 꼭 모니터링해야 한다. 매출이 잘 나오고 좋은 평가를 받는 셀러와 판매사는 왜 그런지, 매출이 좋지 않은 방송은 어떤 점을 개선하고 보완해야 하는지 분석하고 공부해야 한다.

　그렇다고 해서 잘하는 셀러와 판매사의 판매 방송을 따라 하는 건 권하지 않는다. 라이브 커머스 셀러도 자신의 노래를 부르는 싱어송라이터처럼 나만의 콘텐츠, 나만의 스토리, 나만의 캐릭터로 영업해야 하는 나만의 온라인 상점의 주인이기 때문이다. 어설프게 따라 하느니 조금 서투르더라도 본인의 색이 잘 드러나는 편이 훨씬 낫다.

　'라이브 커머스! 이렇게 하면 억대 연봉 번다!' 하는 광고 문구에 혹하지 말고 차근차근히 한 발자국 한 발자국 내딛겠다는 마음으로 본인을 브랜딩하며 꾸준히 해보는 것만이 정답이다!

# 송출이 안 되면 라이브 커머스가 무슨 소용이 있을까?

내가 라이브 커머스 판매 방송을 기획할 때 가장 신경 쓰고 쓰이는 부분은 송출이다. 아무리 잘 준비했다고 하더라도 송출이 제대로 되지 않고 방송이 끊어지거나 연결이 안 된다면 매우 큰 낭패이기 때문이다.

한번은 모 라이브 커머스 플랫폼에서 방송할 시가이 다 되었는데 연결이 되지 않아 방송 예고 시각보다 10분이나 지나서야 판매 방송을 시작했던 경험이 있다. 방송 전부터 아무리 해도 연결이 되지 않아 휴대전화의 문제인가 싶어 스텝들의 휴대전화로 교대로 바꾸어 세팅해보거나 와이파이와 LTE를 번갈아 연결해보아도 송출이 되지 않아서 내 얼굴과 주최 측, 출연자들의 얼굴이 점점 흙빛으로 바뀐 적이 있다.

나중에 알고 보니 플랫폼 자체 서버에 문제가 있어 같은 시간대에 방송할 모든 업체가 똑같은 상황이었다고 한다. 이렇게 플랫폼 자체의 문제로 연결이 안 되는 예도 있지만 송출 환경이 좋지 않아 방송이 끊어지거나 연결이 안 되는 때도 종종 있다.

이럴 때를 대비해 라이브 커머스 판매 방송 장소 선정 시 미리 네트워크 환경을 잘 파악해야 하고 환경이 좋지 않다면 최대한 송출 환경이 좋은 곳으로 장소를 변경해야 한다. 송출 테스트를 방송 당일, 심지어 라이브 커머스 판매 방송 몇 시간 전에 한다는 것은 너무 불안한 일이다.

적어도 하루 전날 방송할 장소에서 송출 리허설을 꼭 해보기를 권하고 만일의 상황에 대비해 휴대용 고용량 와이파이 기계를 사용하거나 유선으로 인터넷을 연결하는 방법도 고려해야 한다. 또 와이파이를 사용해 방송한다면 촬영용 휴대전화를 제외하고는 나머지 휴대전화는 와이파이를 끄는 것이 좋다.

한 지역 지상파 방송국에서 지역 특산물을 판매하는 라이브 커머스를 진행한 적이 있다. 라이브 커머스가 일반적으로 작은 스튜디오나 판매자의 사업장 등 소규모 간이 스튜디오에서 진행되는 것과 달리 지상파 방송국이니만큼 스튜디오며 장비, 인력 등이 다른 플랫폼과 비교도 안 될 정도로 품질이 높았다.

그 방송은 판매도 판매지만 지역과 그 지역의 특산물 홍보가 주요 목적이었기에 유명 연예인이 셀러로 섭외되었고 지역의 고위 인사가 함께 출연해 방송 취지와 상품 소개를 10분 정도 할 예정이었다. 이 라이브 커머스의 취지와 사정을 잘 알기에 나는 알람을 맞춰 놓고 방송 시각을 기다릴 정도로 몹시 기대하고 있었다.

드디어 방송 시각이 되었다. 그런데 5분, 10분이 지나도 방송이 시작할 기미가 보이지 않았다. 이런! 송출 사고가 난 것이다. 사전 홍보를 통해 기대하고 방송에 들어왔던 시청자들이 "언제 시작하나요?" "오늘 방송 안 해요?" 같은 댓글을 계속 달고 운영자는 댓글로 "잠시만 기다려 주세요!"라는 답변만 반복해서 할 뿐이었다. 보는 내내 방송 관계자들은 얼마나 진땀이 날까 생각하니 내가 더 조마조마했다.

10분이 지나고 드디어 20분 만에 방송이 시작되었다. 인내심에 한계를 느낀 시청자들은 이미 이탈한 상태였고 나처럼 방송을 꼭 봐야만 하는 관계자나 지인들만 노심초사 기다리고 있는 분위기였다. 그런데 또 무슨 일인가? 겨우 시작하나 싶더니 이번에는 셀러들의 목소리가 들리지 않았다. 셀러들도 오디오에 문제가 있음을 알고는 입이 찢어질 만큼 입 모양을 크게, 천천히 말했다.

이 모습이 마치 과거 인기 예능 프로그램이었던 〈가족오락관〉에서 시끄러운 음악이 나오는 헤드폰을 쓴 채 상대에게 입 모양으로 사자성어나 속담을 설명해 알아맞히게 하는 '고요 속의 외침' 코너 같아 보였다. 점점 더 많은 시청자가 이탈했고 그나마 남아 있는 시청자들은 셀러들의 입 모양으로 '셀러가 하는 말 알아맞히기'로 댓글 놀이를 하는 다시 없을 진풍경이 펼쳐졌다.

결국 방송 시작 30분이 넘어서야 오디오 문제도 해결되면서 정상적인 방송이 진행되긴 했지만 후에 들은 이야기로는 출연 예정이었던 권위 있는 지역 고위 인사는 방송에 출연한다고 나름 곱게 메이크업까지 하고 기다리다 이러한 어처구니없는 광경을 지켜보고는 심기가 불편한 채로 스튜디오를 떠났고 관련 직원들은 어찌할 바를 몰라서 발만 동동 굴렀다고 한다.

알고 보니 이들은 라이브 커머스 판매 방송은 처음 해보는 것이었지만 지상파 방송을 워낙 전문적으로 했던 베테랑들이라 모바일 라이브 커머스 정도는 아주 쉽게 할 수 있으리라고 생각했다고 한다. 그래서 당연히 해야 할 송출 테스트와 오디오 테스트 등 사전 리허설을 아예 하지 않고 바로 라이브 커머스 판매 방송을 시작했던 것이다.

나는 당시 현장에 있지 않았고 엔지니어 출신도 아니기에 송출 사고가 어떤 이유로 발생했는지는 잘 모른다. 중요한 점은 아무리 좋은 장비와 방송 경험이 풍부한 고급 인력이라 할지라도 라이브 커머스 방송을 진행할 때는 송출 테스트를 절대로 빠뜨리면 안 된다는 것이다.

특히 대형 방송일수록 반드시 방송 전날 한 번, 방송 당일 1~2시간 전에 한 번 더 리허설을 하여 방송이 끊김 없이 제대로 송출되는지 확인해야 한다.

# 조명과 마이크는
# 필수인가?

『라이브 커머스 성공 전략』에서는 '카메라 삼각대'와 '휴대전화'만

있으면 언제 어디서나 라이브 커머스 판매 방송을 할 수 있다고 삼

각대가 없어도 책 등을 쌓아 휴대전화를 올려놓거나 페트병 등으로 거치대 등을 만들어 휴대전화가 넘어지지

않게 지지한 후 방송할 수도 있다. 그렇지만 라이브 커머스 판매 방송을 꾸준히 진행할 계획이라면 삼각대는

기본으로 준비하길 권한다 했다.

더 나아가 방송하는 환경에 따라 조명이나 마이크가 추가로 필

요할 수 있고 조명이나 마이크 덕에 상품을 더욱더 돋보이게 할

수도 있다. 늦은 밤 어두침침한 형광등 아래에서 방송한다면 셀러

의 얼굴도 그늘져 보이지만 상품 역시 제대로 잘 보이지 않는다.

이럴 때는 조명을 사용해야 한다. 주얼리나 화장품 등 상품과 셀

러의 비주얼이 중요한 방송에서도 조명을 사용하는 것이 좋다.

조명이 1개라면 휴대전화 바로 뒤 셀러의 정면에, 조명이 2개라면 휴대전화 양쪽에 배치하는 것을 권한다. 조도照度, 단위 면적이 단위 시간에 받는 빛의 양가 너무 강하면 인물이나 상품이 뿌옇게 날려 보여 지나치게 보정한 듯한 느낌을 시청자들이 받을 수 있고 노란빛이나 붉은빛이 강한 조명은 오히려 상품의 이미지를 해칠 수 있으니 방송할 공간에 어울리는 적당한 조명을 선택하는 것이 좋겠다.

지금은 라이브 커머스 플랫폼마다 보정 기능이 기본으로 들어 있어 화사하고 예쁘게 잘 나오긴 하지만 식품이나 의류처럼 시청자의 식감을 자극해야 하거나 상품의 컬러를 정확하게 보여줘야 할 때는 과한 보정 기능은 자제해야 한다.

또한 요즘은 휴대전화 내 마이크 성능이 워낙 좋아서 셀러와 휴대전화 사이의 거리가 가깝다면 굳이 마이크를 따로 착용할 필요는 없다. 하지만 둘 사이에 어느 정도 거리가 있다면 마이크를 사용해야 시청자들에게 소리가 잘 전달이 된다.

특히 식품 방송 전문 셀러라면 마이크 착용을 적극적으로 권한다. 음식을 먹거나 쪼갤 때 '바사삭' 하는 소리, 음식이 목으로 '후루룩' '꿀꺽' 넘어가는 소리, 국물이 '보글보글' 끓는 소리 등을 ASMR자율 감각 쾌락 반응, Autonomous Sensory Meridian Response로 기가 막히게 전달할 수 있기 때문이다.

　이동이나 큰 움직임 없이 제자리에 앉아 판매 방송을 진행하는 경우라면 상대적으로 저렴한 유선 마이크를 사용해도 괜찮다. 하지만 의류나 가전, 가구 등 서서 방송하거나 동선 등이 있는 경우라면 무선 마이크를 착용해야 움직임이 자연스럽다.

　만약 마이크를 착용했다면 머리카락이나 스카프, 주얼리 등이 마이크를 덮거나 스쳐 불필요한 소리가 나지 않도록 신경 쓰는 것도 잊지 말자.

# 비대면 화상
# 보험 영업

코로나19 확진자가 최초로 하루 3,000명 가까이 발생하던 어느 날 국내 굴지의 보험사인 ○○화재로부터 연락이 왔다. 코로나19로 고객들이 영업사원과 대면으로 만나는 일을 꺼리면서 보험 영업이 치명타를 입는 상황이라 이제 보험 영업도 비대면으로 방향을 전환해야 한다는 절실함을 느끼고 있다고 했다.

그래서 자사의 설계사 모두를 대상으로 비대면 화상 영업 노하우를 교육해줄 수 있는지 의뢰했다. 다시 말하면 줌$^{Zoom}$과 같은 비디오 플랫폼을 이용해 어떻게 하면 고객 상담을 잘할 수 있고 가입까지 성공하게 할 수 있을까에 관한 교육이었다. ○○화재에서는 이 분야 교육에 딱 맞는 기존 강사는 찾을 수가 없어 그다음으로 가장 관여도가 높은 강사를 찾다 보니 내가 가장 적합하다고 판단해 섭외하게 되었다고 말했다.

사실 나는 라이브 커머스 전문가이기도 하지만 TV홈쇼핑 쇼호스트로 활동 당시 재직하던 회사에서 보험 판매 방송에 가장 잘 어울리는 쇼호스트로 선정되어 국내 TV홈쇼핑 최초로 보험 판매 방송을 한 사람이자 10년 넘게 보험 판매 방송을 했던 경험까지 있어 누구보다도 보험에 관한 이해도가 높은 편이다.

또 쇼호스트로 활동하며 틈틈이 퍼스널 브랜딩 이미지 컨설턴트 자격증과 CS Leaders<sup>관리사</sup> 자격증도 따놓은 상황이라 이런 화상 상담에 관한 강의도 충분히 가능했기에 흔쾌히 수락했다.

하지만 이러한 교육이 필요하다고 요청한 곳은 보험사뿐만이 아니었다. 비슷한 시기에 국내 대표적인 도서 전문 업체에서도 화상 상담과 영업에 관한 강의를 요청했다. 이제는 모바일 라이브 커머스를 넘어 화상을 통해 상품을 소개하고 판매하는 1대 1 화상 커머스 시대가 왔음을 실감할 수 있었다.

라이브 커머스가 1대 다수(대중)를 상대로 하는 판매 방송이라면 화상 영업은 1대1 또는 1대 소수(그룹)를 대상으로 이루어지는 비대면 판매이다. 라이브 커머스를 잘하기 위해서는 모바일의 특성과 모바일 쇼핑의 주 고객층에 관한 이해가 필요하듯이 화상 영업도 비대면 화상이라는 특징을 잘 알아야 그에 맞는 대응을 해나갈 수 있다.

먼저 비대면 화상 상담은 어떤 장점이 있을까? 시간과 장소 제약이 없기에 미팅을 위해 고객이 있는 곳까지 찾아갈 필요가 없고, 시간대도 사전에 협의만 된다면 오전이든 늦은 밤이든 상관이 없다. 서울에 있는 판매자가 제주도나 부산에 있는 고객을 직접 만나지 않아도 화상을 통해 보험 상담 및 판매를 할 수 있으니 시간과 경비가 훨씬 절약된다.

그리고 후속 상담에 관해 고객의 부담도 대면과 비교하면 적은 편이고 가입이나 구매에 관한 부담 역시 적다. 비대면 영업 방법 중 전화로 상담 및 판매가 있긴 하지만 얼굴을 볼 수 없으니 그만큼 믿음이 가지 않고 목소리로만 소통할 수 있어 자료 등을 보여줄 수 없는 단점이 있다. 하지만 화상 상담은 판매자의 얼굴과 자료를 동시에 보여줄 수 있기에 정확한 정보를 제공할 수 있고 신뢰감까지 쌓을 수 있다. 그리고 멀리 떨어져 있는 다른 가족이나 지인을 초대해 동시 상담도 가능하다.

물론 비대면 화상 상담이 장점만 있는 것은 아니다. 오프라인에서 회의하거나 강의를 듣는 것과 비교하면 비대면은 아무래도 집중 시간이 짧고 오래 앉아 있는 것이 힘듦을 비대면 회의나 강의 등을 경험해본 사람은 누구나 알 것이다.

전화 통화보다는 더 낫지만 화면을 통해 소통하고 정보를 얻기 때문에 역시 비언어적 표현에 제한이 있고 그러다 보니 친밀한 감정 교류가 어려운 편이다. 감정 교류가 힘들면 당연히 상대에게 신뢰감을 쌓는 일이 어려워질 수밖에 없다. 그뿐만 아니라 평상시 대면에서는 도드라지지 않았던 습관이 얼굴에 집중되는 화상에서는 눈에 잘 띌 수도 있다.

그동안 대면 영업에 익숙한 판매자는 이러한 화상 영업의 단점들을 인식하며 크게 4가지 카테고리에서 변화를 주어야 한다고 생각한다.

첫 번째는 '상담 시간'이다. 대면에서는 2번 이상 고객을 만나는 게 힘들기에 설계사가 첫 만남에서 어떻게든 계약 체결(판매)까지 완료하려고 한다. 그러다 보니 보통 미팅 시간이 1~2시간 정도 소요된다. 그러한 시간적 여유가 대면에서는 가능할 수 있지만 화상에서는 고객이 판매 상품에 아주 관심이나 흥미가 있지 않다면 화상을 통해 그만한 시간을 들여 대화를 이어가기가 어렵다. 그러니 프로세스는 대략 이런 순서면 좋을 듯하다.

먼저 화면이 켜진 후 얼굴을 마주하고 첫인사를 할 때는 밝은 표정으로 간단하게 소속과 이름을 이야기한다. 첫인상을 좌우하면서 호감과 매력을 형성하는 시간이니 짧아도 매우 중요한 단계이다. 가뜩이나 화면을 통한 만남이라 물리적인 거리감이 느껴지는데 지나친 격식이나 딱딱한 인사는 고객이 설계사와 더욱더 거리감을 느끼게 한다.

화상에서는 헤어 스타일이나 메이크업, 의상 등이 자세히 보이지 않는 대신 가장 시선을 끄는 점은 상대방의 표정과 인상이다. 너무 긴장한 나머지 지나치게 진지하고 딱딱해 보이는 표정은 금물이다. 그러니 상대방에게 신뢰감이 느껴지도록 밝은 표정과 미소를 짓도록 해야겠다.

첫인사는 아이스 브레이킹Ice Breaking, 새로운 사람을 만났을 때 어색하고 서먹서먹한 분위기를 깨뜨리는 일으로 '예스Yes'를 끌어내는 가벼운 질문을 하는 편이 좋다. 예를 들면, "오늘 날씨가 참 좋죠?" "점심 식사는 맛있게 하셨어요?" "저를 소개해주신 분이 ○○○님이시라고요?" 등과 같이 간단한 질문과 답을 주고받으면 첫 대면의 어색함은 무너지고 친밀감이 생길 수 있다.

두 번째는 '신뢰 쌓기'로 고객이 판매자를 신뢰할 수 있도록 믿음을 주어야 한다. 일개 영업사원에서 골드만삭스 사장까지 승진

했던 영업의 신 도키 다이스케는 "전달하려는 메시지가 중요한 것이 아니라 그 메시지를 누가 전달하느냐가 중요하다"라는 유명한 말을 했다. 아무리 좋은 상품을 멋진 말로 소개하더라도 판매자에 대한 신뢰가 없다면 아무 소용이 없다.

더군다나 화상 영업은 대면이 아니기에 판매자의 신뢰가 무엇보다도 중요하다. 여기서는 구구절절 말로 설명하기보다 한 장짜리 자료로 만들어 직접 보여주기를 추천한다. 보험 설계사라면 설계사 자격증을 가장 먼저 보여주고 추가로 본인을 표현할 신뢰할 수 있는 객관적인 데이터 3개 정도 더 제시하는 편이 좋다.

예를 들면, 우수 인증을 받은 설계사라거나 노출이 가능하다면 지금까지 자신을 통해 고객들이 보험금을 수령한 액수라던가, 해지율 및 민원 발생률이 낮다는 등 고객의 눈높이에서 어필할 수 있는 경력 등이 들어가면 된다. 여력이 된다면 가장 마지막에는 감성 카피를 한 줄 정도 추가해 셀러로서의 경쟁력과 인간미까지 골고루 갖춘 사람임을 보여주면 더욱더 좋겠다.

첫인사를 하고 본인에 대한 믿음을 줄 수 있는 소개가 끝났다고 바로 본론인 상품 영업으로 들어갈 수는 없다. 이제는 고객의 니즈를 파악하는 단계가 필요하다. 물론 말로 질문을 주고받을 수도 있겠지만 시간을 전략적으로 사용하며 좀 더 프로페셔널한 방식으로 핵심적인 니즈 파악하기 위해서는 체크리스트를 만들어 고객과 함께 자료를 보며 체크하는 편이 훨씬 효율적일 것이다.

이렇게 파악한 고객 니즈는 상품 설명에서 강조 포인트로 잡을 수 있으니 정말 중요한 정보가 될 수 있다.

세 번째는 '상품 설명'이다. 이때는 서론 → 본론 → 결론의 순서가 아니라 본론부터 말해야 한다. 즉 고객의 호기심과 궁금증을 유발할 수 있는 가장 강력한 셀링 포인트를 제시한 다음 고객의 반응을 보며 추가로 자세한 설명을 더하거나 질문을 받으면서 궁금증을 해소하는 방식을 권한다.

서론 → 본론 → 결론으로 이어가다 보면 막상 중요한 내용에서는 고객의 집중력이 떨어져 정보를 놓칠 확률이 높고 처음부터 끝까지 설계사가 일방적으로 다 설명하다 보면 고객이 질문할 거리가 없어져 소통이 어려워진다. 그러니 첫 설명은 홍보 전단처럼 짧게(PPT 슬라이스 1장 정도) "이 보험료에 이것도 되고 저것도 되고 심지어 이것까지 된다!"라는 포인트만 전달되어도 충분하다.

이 짧은 설명으로 고객의 호기심과 관심을 충분히 끈 다음 반응을 본 후 고객이 주도적으로 궁금한 점을 물어보는 타입이라면 바로 질문을 주고받으면서 하고 싶은 이야기를 덧붙이는 방법이 있고 또는 "고객님, 괜찮으시다면 이 상품에 관해 조금 더 설명해 드려도 될까요?"라고 의향을 물은 다음 조금 더 구체적으로 상품을 설명하는 방법이 있다.

이때는 상품 설명에 덧붙여 이게 왜 필요한 것인지(사야 하는지) 고객이 느끼게 하는 것이 중요하다. 더불어 이 보험(상품)에 먼저 가입(구매)한 고객의 사례와 후기 등도 이야기하면 훨씬 가입(구매) 결정에 도움이 된다.

모든 설명을 설계사 혼자 일방적으로 하는 것은 고객의 흥미와 집중력을 더 떨어뜨린다. 기본적인 설명까지 끝났다면 이후에는 고객이 무엇을 원하는지 하나씩 질문을 던지며 고객의 참여를 유도해야 한다. 그래서 고객이 원하는 조건에 최대한 맞추어줄 수 있도록 해야 한다.

대면 상담처럼 계약이나 결제를 무리하게 요구하게 되면 대면 고객과 달리 화상 고객은 부담스러워 본인 선에서 상담을 종료할 수 있으니 한 번에 결과를 이루려고 하기보다는 짧은 상담을 여러 번 하면서 친분과 신뢰를 쌓은 후 판매까지 성공할 수 있도록 해야겠다. 다음은 화상 영업 시 셀러들이 가장 궁금해하는 질문 4가지에 관한 답을 정리했다.

## 화상 영업 시 셀러들이 가장 궁금한 Best 4

Q. 자신감을 가지고 말하는 비법이 궁금합니다.

A. 어떻게든 팔겠다고 생각하면 자꾸 위축되고 긴장됩니다. 고객 역시 팔려고만 하는 셀러에게는 거부감이 들 수밖에 없고 그걸 느끼는 셀러는 더욱더 위축되고 긴장되겠죠. 상품을 판매할 때는 '꼭 팔고야 말겠다!'는 결연한 의지보다는 '내가 판매하는 상품이 최고!'라는 확신이 스스로 있어야 합니다. 그 상품이 너무 좋아 친구나 지인한테 하듯 고객이 진심으로 도움이 되기를 바라는 마음으로 추천하면 자신감이 생깁니다.

또 하나는 철저한 준비입니다. 본인이 준비가 잘되어 있지 않으면 불안하고 자신감이 떨어지죠. 고객의 거절을 예측하고 이에 어떻게 대응할지 하나하나 미리 준비해보세요. 내가 고객에게 어떤 질문을 할지도 미리 준비한다면 훨씬 자신감이 생길 겁니다.


Q. 금액이 부담된다 할 때 어떻게 대화를 이어가야 할지 막막합니다.

A. 가격을 그냥 말하면 안 됩니다. 브랜드의 가치와 가격의 가치를 먼저 알려주어야 합니다. 하나의 방법을 제시하자면 전체 금액을 하루에 내는 금액으로 나누어 고객이 부담을 느끼지 않도록 말하면 좋습니다.

예를 들어, 30만 원짜리 전집이라면 이렇게 설명해볼까요?

"아이가 그 책을 최소 2년간 읽는다고 가정하면 1년에 15만 원, 한 달 1만 2천 원, 하루에는 400원 정도입니다. 아이가 좋아하는 과자도 1개에 1,000~2,000원인데 아이의 창의력과 인지 발달을 위해 하루 400원 투자면 꽤 괜찮지 않으실까요?"

이렇게 내가 내는 돈이 상품을 통해 얻는 이익이나 가치로 보면 훨씬 저렴하다는 개념을 심어주셔야 합니다.

Q. 내 이야기에 집중할 수 있도록 하는 노하우가 궁금해요.

A. 고객을 가르치려 하거나 자꾸 설명하려고 하지 말고 스토리텔링을 해보세요. 상품 정보는 인터넷에 검색만 해도 쏟아집니다. 사람들은 본능적으로 재미있는 이야기를 좋아해요. 재미있는 사례나 감동적인 스토리를 들려주면 사람들은 집중해서 듣게 되어 있어요. 특히 고객의 상황을 미리 파악해 고객이 공감할 만한 스토리를 다양하게 준비하면 좋겠습니다.

**Q. 자꾸 거절할 때는 어떻게 상담을 이어가야 할지 모르겠어요.**

화상 영업은 기본적으로 상담 의사가 있는 고객을 대상으로 진행하는 영업 방

식인데 상담 중에 자꾸 거절한다면 처음부터 고객의 니즈를 파악하지 못한 것

이나 상담 포커스를 잘못 맞추신 듯해요. 정해진 매뉴얼대로 설명하기보다 고

객이 왜 거절하는지, 무얼 원하는지를 계속 질문해 그 대답에 최대한 맞추어

솔루션을 제안하면 좋겠습니다.

# 라이브 커머스 전문 쇼호스트가
# 되고 싶은 이들에게

어느 날 20대 중반 즈음 된 A에게 연락이 왔다. 쇼호스트 지망생인데 본인 진로와 관련해 만나서 상담을 좀 하고 싶다고 했다. 일면식도 없는 이의 갑작스러운 제안이라 거절하려던 찰나에 요즘 젊은이답게 거침없고 당찬 그녀가 어떤 사람인지 궁금하기도 해서 시내 모 카페에서 직접 만나게 되었다.

나를 만나고자 한 이유를 정리하자면 얼마 전 라이브 커머스 판매 방송에 처음으로 쇼호스트로 출연했는데 방송이 끝난 후 본인을 섭외한 대행사 관계자로부터 목소리 톤이 라이브 커머스랑은 맞지 않는 듯하다는 피드백을 받았다고 한다. 그러면서 내게 본인의 방송 녹화본을 보여주었다. 영상 속 그녀는 잔뜩 긴장한 표정에 말 한마디 제대로 하지 못했고 어쩌다 한마디 하더라도 기어 들어 가는 자신 없는 작은 목소리로 얼버무리는 수준이었다.

그 모습을 진지하게 보고 있던 내게 A는 "제가 라이브 커머스 쇼호스트로는 목소리 톤이 안될 것 같으니 TV홈쇼핑 쇼호스트를 준비하는 건 어떨까요?"라고 질문했다. 잠시 말문이 막혔다. 라이브 커머스가 안 될 거 같으니 TV홈쇼핑이라도 해야겠다는 뉘앙스에 뭐라고 대답해야 할지 몰라 한참 침묵하다 말을 꺼냈다.

"라이브 커머스가 어려우면 TV홈쇼핑은 몇 배는 더 어려워요. 일단 수십 대 일, 수백 대 일의 경쟁을 뚫고도 넘어야 할 높은 허들이 있는데다 설령 공개 채용에서 합격한다고 해도 바로 TV쇼호스트가 되지는 않아요. 2~3달 후에는 다시 최종 평가를 통해 전속 계약 여부가 결정되고요. 만약 계약되어 TV쇼호스트가 된다 하더라도 그 안에서 선배, 동기, 후배들과 끊임없이 경쟁해 살아남아야 하는 험난한 생태계가 존재해요. 한번 쇼호스트는 영원한 쇼호스트가 아니라 해마다 하는 재계약에서 평가가 좋지 않으면 언제든지 잘릴 수 있음도 알아야 해요. 목소리 톤이 라이브 커머스에 적합하지 않다는 이야기를 들었다면 그 대행사 대표님은 A님이 상처받지 않게 돌려 말씀하신 걸 거예요. 지금 A님의 지난 방송을 잠깐 보니 기본적인 쇼호스트로서의 연습이나 준비가 하나도 되어 있지 않은 것 같은데, 라이브 커머스 쪽으로 먼저 전념하여 가능성이 있다는 평가와 인정을 받아보세요. 여기서 제대로 된 평가를 받지 못한다면 TV홈쇼핑도 가능성이 희박해요. 지금 하는 일에 집중하시는 게 좋겠습니다."

난 안 될 일을 될 것처럼 희망 고문을 하는 것만큼 잔인한 건 없다고 생각하는 사람이라 교육자라 하더라도 헛된 꿈을 심어주고 싶지는 않았다. 그래서 아프고 서운하겠지만 냉정하게 딱 잘라 말해주었다. 그녀가 자질이 부족하다는 이야기가 아니다. 누구든 노력하면 얼마든지 부족한 부분은 채울 수 있고 스킬은 연습과 훈련을 통해 충분히 업그레이드할 수 있다.

하지만 태도는 가르친다고 해도 잘 바뀌지 않는다. 마부 1명이 목마른 말 10마리를 물가로 데려가는 건 어렵지 않지만 마부 10명이 물 먹을 생각이 전혀 없는 말 1마리를 물가로 데려가는 것은 너무 힘들다는 말이 있다. 절박함을 가지고 자신에게 부족한 부분이 무엇인지, 어떻게 하면 더 잘할 수 있는지 스스로 고민하고 나아지려고 연습하지 않으면 족집게 일타 강사 할아버지가 와도 발전할 수가 없다. 본인이 노력하지 않고 누군가가 그 자리를 만들어 주기를 바라는 건 다 차려놓은 밥상에 숟가락만 없는 정도가 아니라 입에 밥까지 넣어주기를 바라는 것과 무엇이 다르겠는가?

요즘 하루가 멀다고 생겨나는 라이브 커머스 아카데미에서는 '주요 라이브 커머스 플랫폼 100% 진출 보장'을 전면에 내걸고 수강생을 모집하는데 많은 쇼호스트 지망생이 '100% 진출 보장'을 '100% 취업 보장'으로 오해하는 듯하다. 수백만 원의 돈을 내고 교육받았으니 자기 앞에 탄탄대로만 펼쳐지리라고 믿었는데 수료 후 많아야 2~3번의 기회 정도만 받고 더는 섭외 요청이 없어 크게 실망하거나 새로운 기회를 찾기 위해 또 다른 라이브 커머스 아카데미에 등록하는 경우도 적지 않다.

자신들의 아카데미에서 배우면 마치 평생 라이브 커머스 쇼호스트로 활동할 수 있게 보장해줄 것처럼 모집 상담을 하는 곳이 있다면 가장 큰 문제는 그러한 아카데미지만 개인의 역량과 상관없이 자신들에게 배웠다는 이유로 100% 책임질 수 있는 곳은 그 어디에도 없음을 쇼호스트 지망생들은 반드시 알아야 한다. 또한 라이브 커머스 쇼호스트가 되면 금방이라도 셀럽이나 인플루언서가 되리라는 기대 역시 버려야 한다.

소상공인이나 농민 등 판매자가 직접 라이브 커머스 판매 방송에서 셀러로 출연한다면 잘하든 못하든, 매출이 좋든 나쁘든 모두 본인이 책임을 져야 한다. 게다가 지출 또한 크게 없으니 크게 손해날 일도 거의 없다.

하지만 라이브 커머스 전문 쇼호스트라면 입장이 다르다. 섭외된 쇼호스트는 판매자나 대행사로부터 출연료를 받거나 이익을 나누어야 하는 관계이니 더욱더 신경 쓰고 준비하여 방송에 임해야 한다. 세상에 쉽게 버는 돈은 없다는 말이다.

TV홈쇼핑의 스타 쇼호스트 못지않게 라이브 커머스 분야에서도 이름을 떨치고 있는 전문 쇼호스트가 조금씩 늘어나고 있다. 이들은 인기가 많아 하루에 여기저기 장소를 옮겨 다니면서 2~3개 판매 방송을 척척 소화하는데, 바쁜 일정 중에도 상품에 관한 공부와 판매전략 등을 철저하게 연구하고 공부해서 판매 방송을 진행한다. 그러니 방송도 좋고 매출도 좋아 여러 곳에서 섭외 문의가 계속 들어오는 커리어의 선순환이 이루어진다. 이런 선순환은 자존감으로도 이어져 더욱더 잘될 수밖에 없다.

반면 어렵게 판매 방송 기회를 얻었음에도 제대로 잘하지 못해더는 섭외가 되지 않는 쇼호스트도 있다. 이러한 상황에 놓인 쇼호스트 지망생 중 내게 라이브 커머스 교육을 받고 싶다고 연락하는 예가 더러 있다. 지푸라기라도 잡고 싶은 심정은 알겠지만 막상 이들이 판매 방송을 했던 영상을 보면 섭외 제안이 없을 수밖에 없겠다는 생각이 들 때가 더 많다.

프로급의 말솜씨와 능숙한 제품 시연 테크닉, 순발력 있는 댓글 소화 능력과 소통 능력, 예능감 등을 기대하지는 않았지만 가장 기본인 상품 정보에 관한 숙지가 덜 되어 있어 상품 이름이나 주요 성분, 셀링 포인트를 시청자에게 정확하게 전달하지 못하는 경우, 달달 외운 상품 정보를 토씨 하나 틀리지 않고 말하는 데에만 신경 쓰다 보니 시청자의 마음을 사로잡을 공감 멘트나 스토리텔링은 잘되지 않는 경우, 함께 하는 파트너 쇼호스트와 호흡이 맞지 않아 물과 기름 같이 겉도는 모습만 보여주는 경우가 너무나 많았기 때문이다.

특히 쇼호스트 간의 호흡은 상당히 중요해서 이 합이 척척 잘 맞아 재미있는 방송이 되면 업체<sup>판매자, 대행사, 에이전트</sup>는 향후 판매 방송에서도 이 2명을 함께 섭외할 확률이 높다. 반면 개인의 과도한 욕심으로 전체적인 방송 흐름에 방해가 된다거나 상대방의 멘트에 이어 자신은 언제 멘트해야 할지 몰라 쭈뼛쭈뼛한다거나 판매 방송에서는 하면 안 되는 규제 멘트를 폭탄처럼 터트리거나 하면 그 조합으로는 라이브 커머스 판매 방송을 더는 하기가 쉽지 않을 뿐 아니라 섭외 역시 받기도 어려워진다.

이제는 라이브 커머스 쇼호스트의 세계도 TV홈쇼핑 쇼호스트 세계처럼 엄청나게 치열해지고 갈수록 만만치가 않다. TV홈쇼핑처럼 공개 채용이라는 높은 문턱이 없고 누구나 쉽게 진입할 수 있는 장점이 있긴 해도 라이브 커머스 역시 매출이 걸려 있는 세계라 비용을 내는 판매사 입장에서는 상품과 이미지가 잘 맞고 잘 파는 사람을 선호할 수밖에 없다.

라이브 커머스 초기에는 무리해서라도 인지도가 있는 몸값이 비싼 쇼호스트를 섭외했지만 이제 판매사들도 라이브 커머스 경험이 쌓이면서 신입이거나 연차가 낮은 쇼호스트 중 실력이 있어 가성비 좋은 쇼호스트를 선호하는 분위기이다.

전문 쇼호스트 지망생들의 최종 목표가 라이브 커머스에 진출해 1번이라도 방송해보기는 아닐 것이다. 준비되지 않은 채로 일단 기회부터 잡겠다고 하기보다 일단은 기본기를 다지고 다양한 경험을 하며 열심히 실력을 쌓아보자. 그리고 기회가 왔을 때 멋지게 잘 해낸다면 방송 횟수를 늘리는 일도, 점차 몸값을 올려서 남들이 부러워할 수입을 버는 것도 어려운 일은 아니다.

어떤 일이든 마찬가지겠지만 라이브 커머스 전문 쇼호스트 역시 얼마나 도전하고 노력하느냐에 따라 방송 횟수와 출연료의 차이가 극명하게 달라질 수 있다. 운도 따라야겠지만 결국 본인 하기 나름임을 기억하길 바란다!

# 3

# 라이브 커머스에 성공적으로
# 안착한 & 할 사람들

『라이브 커머스 성공 전략』 출간 이후 전국뿐 아니라 해외 각지에서까지 내 책과 강의를 접하고 라이브 커머스를 시작한 분이 상당히 많다. 전문 쇼호스트를 꿈꾸는 20~30대부터 40~50대, 심지어 60대까지 연령대도 다양했지만 라이브 커머스를 하고자 하는 각각의 사연도 다양했다.

2년여 전 라이브 커머스가 수면 위로 떠 오른 후 너도나도 할 것 없이 라이브 커머스를 시도했지만 시간이 흐른 후 현재 상황을 냉정하게 말하자면 그때 시작했던 10명 중 1명 정도만이 여전히 활발하게 라이브 커머스 판매 방송을 하고 있다. 지금 라이브 커머스 셀러의 상황을 4가지로 분류한다면 다음과 같이 정리할 수 있을 듯하다.


① 시장 초기에 온갖 시행착오를 몸으로 부딪치며 나름대로 자리 잡은 사람

② 포부는 창대했으나 얼마 가지 못하고 포기한 사람

③ '나도 진작 할걸' 하며 성공한 사람들을 부러워하는 사람

④ 이제 막 라이브 커머스에 입문한 사람


중간에 포기했거나 시작도 못 하고 부러워만 하는 ②번과 ③번 사람들도 나름대로 이유가 있다. 판매할 만한 본인 상품이 없거나 상품을 소싱할 수 없는 경

우, 라이브 커머스 판매 방송에 캐스팅이 안 되거나 반대로 기회는 있었지만 끝내 카메라 울렁증을 극복하지 못해 얼굴을 내놓고 말할 자신이 없는 분 등이 여기에 해당하지 않을까 싶다. 그래서 이번 장에서는 ②번, ③번, ④번에 해당하는 분들에게 롤 모델이 될 만한 사례들을 담아보았다.

현재 라이브 커머스 업계에는 너무나 훌륭하고 멋진 셀러가 많다. 하지만 이 장에서는 주로 내 교육생이거나 직접적으로 나와 인연이 깊은 분들의 이야기만 하려고 한다. 다시 말해, 몇몇 셀럽을 제외하면 이전부터 방송 생활을 해왔거나 라이브 커머스와 관련한 일을 해왔던 경력자 등 절대 넘지 못할 것 같은 넘사벽의 이야기가 아니라 나를 통해 라이브 커머스라는 것을 처음 알았고, 꾸준히 성장하여 지금까지 성과를 내는 사람의 이야기이다.

열 발자국 먼저 가 있는 사람들의 이야기가 아닌 한두 발자국 앞에 가 있는 사람들의 생생한 성공담과 아직 성공이라고 단언할 수는 없지만 앞으로 반드시 성공할 사람들의 이야기를 들려주려고 한다. 아직도 자신이 없고 망설이는 분들, 여러 방법을 시도했지만 뜻대로 잘 안 되는 분들에게 많은 자극이 될 것이다.

# 웃음치료사 hahaha 님의 개구리 뒷다리!

수많은 교육생 중 특히 볼 때마다 기분이 좋아지는 분이 있다. 바로 50대 여성인 hahaha 님이다. hahaha 님은 닉네임에서 짐작되듯 웃음치료사로 활동하는 강사였지만 코로나19로 강연 기회가 줄어들면서 라이브 커머스를 하게 되었다고 한다.

hahaha 님은 늘 판매 방송 첫인사로 "개구리 뒷다리~"하며 하하하 웃고 시작한다. 눈코입이 시원시원하게 커서 웃는 모습 또한 시원하게 기분 좋아 보는 사람도 근심 걱정이 사라질 것만 같다. 방송 초반에는 hahaha 님의 웃는 얼굴에 눈길이 가 계속 방송을 보다 보면 어느새 상품에도 눈이 간다. 상품 설명을 할 때도 늘 웃는 얼굴과 목소리에도 따뜻함과 신뢰감이 배여 있어 상품이 더욱더 좋아 보인다. 실제로 hahaha 님이 판매한 상품을 산 후 그러한 확신이 더 강해진 사람 중에 나도 포함된다.

얼마 전 라이브 커머스 판매 방송에서는 해물다시팩을 팔았는데 집에서 자신이 자주 만들어 먹는다는 김치칼국수를 해물다시팩으로 손쉽게 끓이는 모습을 보여주었다. 평상시 자신이 잘 만들어 먹는 음식을 보여주니 가식 없이 더 친근하고 흥미로웠다.

그런데 더 재미있었던 점은 외출 후 귀가한 남편이 갑자기 방송 중에 난입해 본인이 좋아하는 김치칼국수라며 자리에 선 채로 후루룩후루룩 먹기 시작한 것이다. 미리 짠 게 아닌 즉흥적으로 벌어진 일이었는데 일부러 맛있는 척하려 해도 그렇게 맛있게 먹지는 못할 것 같다. hahaha 님은 인제 그만 먹고 저리 좀 가라고 남편을 타박하고, 남편은 조금만 더 먹자며 꿋꿋하게 자리를 지켰다. 세상에 안 맞아도 이렇게 안 맞을 수 있냐며 본인 부부를 로또 부부라고 공공연하게 이야기하는 것도 정말 재미있었다.

요즘 hahaha 님은 종종 남편과 함께 라이브 커머스 판매 방송을 진행하는데 유쾌한 부인과 진지한 남편이 보여주는 찰떡궁합을 보고 있노라면 개그 프로그램이 시시하게 느껴질 정도이다.

한번은 그들의 방송을 보다가 내가 "저희 남편은 방송에 절대 출연 못 할 것 같은데 hahaha 님 남편 분 대단하세요!"라고 댓글을 올린 적이 있었다. 가슴에 '청개구리'라는 명찰을 단 hahaha 님의 남편은 내 댓글에 다음과 같이 대답했다.

"제가 사실은 친구 만나서 술 마시고 밖에 나다니는 걸 되게 좋아하거든요. 근데 와이프가 라이브 커머스 같이 해줘야 나가도록 허락해줘서 어쩔 수 없이 열심히 하는 겁니다."

어찌나 진지하고 차분하게 본인의 상황을 조곤조곤 설명하시던지 그 모습에 한참을 혼자 웃었다. 정말 볼 때마다 기분이 좋아지는 부부가 아닐 수 없다.

그녀는 라이브 커머스 판매 방송으로 상품만 판매하지 않는다. 50대인 본인보다 대부분 나이가 어린 30~40대 고객들의 맏언니로서 육아 이야기나 남편 이야기, 시댁 문제 등 댓글 소통을 통해 함께 공감하고 조금 더 살아 본 선배로서 조언하기도 한다. 이렇게 울고 웃고 떠들다 보면 셀러인 본인은 물론이고 늘 방송 시간에 맞추어 찾아오는 찐단골도 라이브 커머스 판매 방송에서 웬만한 스트레스는 다 풀게 된다고 한다.

직업이 강사이긴 하지만 보기와 다르게 의외로 내성적이었다는 hahaha 님은 라이브 커머스 판매 방송을 하며 상당히 적극적이고 외향적으로 바뀌었고 '내가 원래 이렇게 방송을 좋아했었나?' 싶을 정도로 자신이 변했음을 느낀다고 한다.

초반 고객 유입율을 높이면서 재미와 구매율을 올리기 위해 매번 방송 시작과 함께 가장 먼저 초성 퀴즈를 맞히는 고객에게 선물을 적립시켜 주고, 언제든 판매 상품을 구매하면 이미 적립된 당첨 선물과 함께 배송해준다는 본인의 노하우를 살짝 알려주었다.

hahaha 님은 현재 거주하는 곳의 지역 농민들이 새로운 판로를 열 수 있도록 그분들과 함께 현장에서 직접 방송을 하며 돕는 것이 앞으로의 목표라고 한다. 자칫하면 우울하거나 무기력해질 수 있는 50대의 나이에 기대하는 목표가 생기고 매일 매일 누군가를 만나는 것이 설레고 신난다면 hahaha 님에게는 '중2 사춘기'보다 더 무섭다는 '50대 갱년기'는 아예 얼씬도 못할 듯하다.

### hahaha 님의 성공 Point!

셀러의 밝은 표정과 기분 좋은 매너는 방송을 보는 시청자들에게도 즐거움을 준다. 상품 설명도 중요하지만 시청자와의 댓글 소통을 통해 공감을 끌어내는 것이야말로 찐팬을 많이 만드는 비결이자 라이브 커머스 최고의 스토리텔링이다.

# 10초도 말을 잇지 못한
# 50대 남성의 버섯 판매기

나는 현재 MKYU<sup>MK&You University, 김미경과 당신의 대학</sup>에서 라이브 커머스 과정을 맡고 있다. 강좌가 처음 열렸을 때 수강생들의 사기 진작 차원에서 수강 과제로 내준 영상을 모니터링하고 피드백도 해주었다. MKYU 대부분 과정이 과제가 있지만 왠만해서는 강사가 일일이 과제를 검사하거나 피드백하진 않기에 내 과정 역시 과제 검사를 해야 할 의무는 없었다.

그런데 영상이라는 게 여러 번 반복해서 촬영하고 본인 모습을 보다 보면 카메라 울렁증도 덜해지고 본인의 단점도 스스로 파악하는 데 도움이 될 수 있다. 거기다 전문가가 원 포인트로 콕콕 짚어주면 훨씬 실력이 빨리 느는 건 확실하다. 내가 그걸 너무 잘 알기에 방송이라는 것을 처음 도전하는 교육생들을 위한 서비스로 내 업무가 끝나고 나면 밤마다 과제 검사 및 피드백을 했었다.

처음에는 '1분짜리 영상 올리기'가 과제여서 모니터링이 그다지 힘들지 않았는데 진도가 점점 나가면서 과제 영상의 길이도 3분, 5분, 10분, 15분으로 늘어났고 그러다 보니 시간적으로나 육체적, 정신적으로 힘들어지기 시작했다. 휴대전화를 너무 오래 보다 보니 눈은 침침해지고 댓글을 입력하는 손가락에 힘이 빠지면서 자꾸 오타가 나기도 했다.

모니터링 후 댓글 피드백을 해드린 교육생들이 그다음 영상 과제에서 지적한 부분을 개선하며 점점 잘하는 모습을 확인하면서 밤마다 새벽까지 눈이 빠지도록 하게 되는 과제 모니터링과 댓글 피드백은 멈출 수도 없는 상황이었다.

1차 과제의 주제는 '본인이 판매할 상품에 관한 간단한 소개 1분 영상 찍어 올리기'였다. 교육생 1차 과제를 모니터링 하던 중 눈길을 끄는 영상 하나가 있었다. 럭키 님이라는 중년의 한 남성이 제출한 영상이었다. 카메라 렌즈를 똑바로 쳐다보지 못한 채 약간 화가 난 것 같기도 하고 긴장한 것 같기도 한 모습으로 20여 초간 겨우 끊어질 듯 끊어질 듯 (멘트의 내용도 정확히 파악되지 않을 만큼) 심한 경상도 사투리로 몇 마디 하고는 나머지 40초 이상을 아무 말 없이 1분이 채워지기를 기다리는 모습이 담긴 영상이었다. 많은 교육생을 가르쳐봤고 영상도 수없이 봤지만 소리 반 침묵 반인 이런 과제 영상은 처음이었다.

순간 그런 과제를 하게 한 그분에게 미안한 마음이 들었다. 그에게 카메라 앞에서의 1분은 1시간 이상의 막막함과 공포였을 수도 있다. 전혀 방송과는 어울리지도 않고 그런 끼도 용기도 없어 보이는 수줍은 50대 남성이 소화하기에는 너무 힘든 과제가 아닌가? 그냥 과제는 하지 말고 영상 강의만 열심히 들으시라는 피드백이라도 보내려했지만 그 마음을 직접 표현하지 않은 이유는 내가 굳이 말하지 않더라도 다음 과제는 100% 제출하지 않을 거라 확신했기 때문이다.

그런데 1주일이 지나고 럭키 님은 2차 과제를 제출했다. 난 내 눈을 의심하지 않을 수 없었다. 2차 과제인 3분 영상은 절대 제출할 리 없다고 확신했던 럭키 님은 내가 1차 과제에 댓글로 코멘트를 해준 내용을 모두 반영해 1차 때와는 사뭇 다른 모습으로 영상을 제출했다. 그 영상 하나를 올리기 위해 얼마나 여러 번 반복하며 촬영했을까 생각하니 고맙기도 하고 마음이 짠해졌다.

그리고 강의에서 배운 내용을 적용해서 5분짜리 영상으로 제출하는 3번째 과제 때였다. 이 중년의 교육생은 지방에 계신 누님의 버섯 농장으로 달려가 셀카봉을 들고 현장 분위기를 전하며 상품을 설명하기 시작했다. 버섯이 얼마나 깨끗한 환경에서 신선하게 자라고 있는지를 정확하고 생생하게 보여주어 마치 '추적 60분'을 보는 듯했다. 내가 강의에서 알려준 대로 느타리버섯의 사이즈를 명확하게 전달하기 위해 보드에 이쑤시개와 버섯을 올려놓고 사이즈를 직관적으로 비교해 보여주었고, 배송되는 포장 채로 저울에 올려 무게까지 명확하게 보여주었다.

이 과제 영상 역시 타고난 끼와 말솜씨를 장착한 사람과는 비교가 안 될 정도로 서툴고 어눌했지만 1차 과제 때 보인 모습, 조금 더 발전한 2차 과제 때 보인 모습과 비교하면 놀랄 만한 발전이자 한편으론 기가 막힌 반전이기도 했다.

'나라면 저렇게 할 수 있었을까?' 생각하니 럭키 님이 더 멋지고 대단해 보였다. 댓글로 칭찬과 격려를 아끼지 않았고, "싸고 신선한 버섯이 4kg에 2만 원인 점은 너무나 저렴하고 좋은 조건이지만, 그 많은 버섯을 어떻게 보관하고 어떻게 먹어야 할지에 관한 정보가 필요할 것 같아요"라는 피드백과 함께 다음 과제에는 어떤 부분을 보완해야 할지 하나하나 알려주었다.

라이브 커머스는 홈쇼핑과 달리 소량 구성에 저렴한 가격대 상품이 잘 팔린다. 하지만 농가에서 직거래로 판매하는 농산물은 소량 판매가 어려울 수밖에 없다. 이때 셀러는 싸고 신선하다는 셀링 포인트만 강조할 것이 아니라 이 많은 양을 어떻게 맛있게 먹고 오랫동안 신선하게 보관할 수 있는지 다양한 팁을 제공해야만 고객들이 구매 결정을 빨리할 수 있다. 그에게 이해를 돕기 위해 다음과 같은 사례를 들려주었다.

예전에 백종원 대표가 출연했던 〈SBS 만남의 광장〉이라는 예능 프로그램에서 가격 폭락으로 산지에서 폐기 위기에 처한 보성 쪽파를 라이브 커머스로 판매하는 내용이 있었다. 유명 연예인들이 판매하는 라이브 커머스라 30초 만에 보성 쪽파 1,000세트가 완판되었다.

쪽파는 파김치 외에는 한 번에 많은 양을 쓸 일이 잘 없다. 나물이나 무침에 깨소금처럼 색이나 모양을 내는 정도의 용도로 사용이 되기 때문에 일반 소비자 입장에서는 그 양이 부담스러울 수도 있는데 백종원 대표가 쪽파를 사용해 만능 쪽파 기름을 만들어 비빔밥과 라면에 넣어 먹는 걸 보여주고 쪽파 꼬막 부침, 훈제오리 쪽파 볶음, 파김치 된장국까지 응용 요리를 보여준 적이 있다.

이렇게 내 코칭을 받은 럭키 님의 10분짜리 과제가 드디어 업로드 되었다. 영상을 보며 또 한 번 눈을 의심했다. 장소는 본인 집 주방, 의상은 본인의 이미지와는 너무나 대조적인 귀여운 곰돌이 앞치마, 방송 스타일은 요리 라이브 방송이었다.

내가 피드백한 대로 4kg의 버섯을 어떻게 보관해야 끝까지 오래 먹을 수 있는지부터 느타리버섯으로 할 수 있는 음식 종류를 보드로 메뉴판까지 만들어 보여주었다. 그 메뉴판 메뉴 중에 잡채와 된장찌개는 미리 만들어 놓은 것(부인 솜씨로 짐작)을 보여주었고 그중에 달걀버섯전은 본인이 즉석에서 직접 만들어 보여주는데 이 요리 라이브 방송은 지금까지 본 요리 라이브 방송 중 혼자보기가 아까울 정도로 재미있는 버전이었다.

무언가 거창하게 만들 것 같았던 처음 분위기와는 다르게 달걀버섯전이 점점 미궁 속으로 빠지는 듯했다. 보는 내내 애가 타서 거들어 주고 싶은 생각이 들 정도였으니까 말이다. 결국 완성된 달걀버섯전은 누더기처럼 너덜너덜해졌고 뒤집개로 프라이팬에서 접시로 옮기는 일조차도 쉽지 않은 여정이었다.

본인이 카메라 앞에서 자신만만하게 만들었지만 결국은 너덜너덜해진 달걀버섯전을 바라보는 럭키 님의 흔들리는 눈동자와 끝까지 진지함을 잃지 않는 모습에서 참지 못할 웃음이 나오기도 했지만 한편으로는 감동 그 자체였다.

50살 정도가 되면 대부분 사람이 애써 고생해서 새로운 것을 하려고 하진 않는다. 편하게 하던 대로 쉽게 살고 싶을 나이이다.

그런데 50이 넘은 나이에 그것도 무뚝뚝하기로 유명한 경상도 남자가 생전 처음 라이브 커머스라는 분야에 도전했다는 것, 그리고 포기하지 않고 꾸준히 발전해간다는 것 자체만으로도 박수를 받을 만한 일이다. 그 이후로 이 교육생은 교육생들 사이에서 내가 지어준 애칭인 버섯돌이로 불렸고 요즘은 버섯뿐 아니라 누님이 농사지으시는 복숭아, 포도, 감, 쌀까지 판매를 하고 있다.

언젠가 한 번은 창원에 있는 럭키 님이 나에게 누님이 농사지은 올해 첫 포도를 꼭 맛보게 해주고 싶다며 서울로 찾아오신 적이 있다. 비대면으로만 소통했던 럭키 님을 대면으로 만나던 날, 럭키 님은 나를 보자마자 수첩을 꺼내더니 사인을 해달라고 요청했다. 그 엉뚱함 때문에 첫 대면의 어색함도 금방 무장해제가 되었고 2시간 가까이 즐겁게 이야기를 나눈 후에 청도에서부터 신고 온 포도 2박스를 내게 안겨주고는 다시 7시간 동안 자동차를 운전해 창원으로 돌아가셨다.

포도철에는 서울에서도 집 앞에만 나가면 쉽게 사 먹을 수 있는 과일이 포도이다. 하지만 그것을 알면서도 직접 찾아와서 전해주고 간 럭키 님의 순수하고 따뜻한 마음이 진심으로 고마웠다.

얼마 전 럭키 님은 인스타그램 라이브 방송으로 누님의 집 앞 마당에서 우렁이쌀을 판매했었는데 어찌나 방송이 재미있던지

시골에서 보내준 쌀이 80㎏나 있음에도 나도 모르게 럭키 님이 소개하는 쌀을 또 사게 되었다. 거짓말이라곤 1도 안 할 것 같은 경상도 아저씨가 고객들에 대한 예의는 지켜야 한다며 주말 아침 넥타이까지 매며 잘 차려입고는 쌀을 판매하는 모습을 보며 '저게 바로 라이브 커머스지'하는 생각이 들었다.

　그날 한 시간 동안 쌀을 10포대 가까이 판매했다고 하니 초보 셀러로는 꽤 좋은 실적을 낸 셈이다. 럭키 님은 바쁜 직장 생활 가운데 요즘에도 포기하지 않고 조금씩이라도 꾸준히 판매 방송을 하고 있다. 럭키 님의 '엉뚱하고 순수한 시골 아저씨' 캐릭터는 라이브 커머스 셀러 중 독보적이지 않을까 싶다. 투박하지만 진솔한 이미지로 앞으로 방송에서 더 자주 볼 수 있기를 기대한다.

## 럭키 님의 성공 Point!

럭키 님을 보면 옛날 우화 '토끼와 거북이'가 생각난다. 토끼처럼 타고나게 빠른 사람은 아니지만, 토끼가 여유를 부릴 동안 쉬지 않고 한 발자국 한 발자국 한 발자국 걸어 결승점에 도착한 거북이 말이다. 빠른 토끼를 이긴 거북이처럼 럭키 님도 꼭 라이브 커머스로 더욱더 대성하시리라 믿는다.

LIVE COMMERCE

# 내 상품은 내가 찾는다!
# 김 차장의 불막창 방송

라이브 커머스 수업을 통해 판매 전략과 기획 등을 모두 배웠어도 예비 셀러들이 현실적인 벽에 부딪히는 이유는 판매할 상품이 없기 때문이다. 셀러 지망생 중 20~30대라면 그나마 에이전트를 통해 대형 플랫폼에서 진행하는 기획 방송에 섭외되어 판매 방송할 기회라도 생기지만 방송 경력이 전혀 없는 일반인, 특히 40대 이상이라면 라이브 커머스 플랫폼에서 출연료를 받는 전문 셀러로 활동하기가 만만치는 않다. 그렇다 보니 본인이 판매할 상품이 없다면 계속해서 상품을 찾아야 하는 게 가장 큰 숙제가 된다.

그래서 교육생들이 자주 하는 질문 중 하나가 "어떤 상품을 소싱해야 잘 팔릴까요?"이다. 상품 소싱은 판매자라면 누구나 고민하는 문제이다. 시의성 있는 상품, 브랜드 인지도가 있으면서 가격 경쟁력도 좋은 상품을 적절한 타이밍에 맞추어 소싱해 방송한다면 중간 이상은 할 수 있다고 보장한다. 예를 들면, 유명 삼계탕집의 삼계탕 밀키트가 복날쯤 직접 식당에 가서 먹는 것보다 조금 더 저렴한 가격으로 판매된다면 잘 팔릴 것이다.

그런데도 어떤 상품이 확실히 대박이 나겠느냐고 묻는다면, 그건 그 누구든 섣불리 대답할 수 없다. 특히 본인이 유명 인플루언서이거나 판매 실적이 아주 뛰어난 셀러가 아니라면 판매 방송을 할 때마다 대박이 날 상품이 눈에 보인다고 하더라도 제조사나 공급사에서 쉽게 상품을 공급하지는 않을 것이다.

이커머스 업체나 TV 홈쇼핑 MD들도 여러 다양한 상품을 찾고 판매 방송을 해보며 숱하게 많은 시행착오를 겪는다. 오죽하면 상품 10종류를 런칭해 1종류만 대박 나도 잘한 것이라는 이야기가 있을까. 그중에는 이미 상품이 너무 유명하거나 업체 대표가 굳이 판매 방송을 원하지 않는 일도 있어 MD들이 여러 차례 제안하고 찾아가서 설득의 설득을 하며 오랫동안 공들인 끝에 소싱에 성공하는 예도 많다.

여기서 하고 싶은 말은 라이브 커머스라서 대박 날 상품 소싱이 어렵다는 게 아니다. 대형 이커머스 업체나 TV 홈쇼핑 MD 역시 여러 번의 시행착오와 끊임없는 연구를 통해 안목과 촉을 키우는 일은 꼭 필요하고, 처음부터 대박 날 상품이 내 손안에 들어올 확률은 희박함을 말하고 싶다.

기업에서 회계 업무 담당인 회사원 김 차장도 내 라이브 커머스 교육생 중 한 명이다. 시원시원한 화법과 거침없이 돌진하는 에너지와 늘 불타오르는 열정은 그녀가 가진 가장 큰 무기이다.

김 차장은 낮에는 회사원으로, 퇴근 후 또는 주말에는 라이브 커머스 셀러로 활동하는 N잡러이다. 화통한 성격의 소유자답게 김 차장은 누군가가 자신에게 기회를 주기를 기다리기보다 본인이 직접 소싱부터 하기 시작했다. 식품 박람회에 참가해 관심 있는 상품을 컨택하거나 소싱하고 싶은 상품을 발견하면 포장 용기 등에 표기된 제조사와 판매원으로 직접 연락해서 문의하거나 본인이 먹어보고 맛있으면 바로 식품 회사로 전화 혹은 메일을 보내거나 아님 직접 찾아가 상품을 공급가로 받는 등의 적극적인 방법으로 상품을 소싱해 판매 방송을 했다. 상품 소싱 경험이 없는 초보자로는 대단한 용기가 아닐 수 없다.

그렇게 용기 있게 쟁취한 그 첫 상품은 바로 불막창이었다. 방송 내내 어찌나 맛있게 잘 보여주고 잘 먹던지, 모니터링을 위해 시청하던 나도 목적을 잊을 만큼 군침을 흘리면서 보았다. 그날 방송 결과는 어땠을까? 생각보다 너무 잘 팔려 김 차장은 집까지 신나서 뛰어갔다고 한다.

그 이후에는 본인이 먹어보고 맛있었던 떡볶이, 양념 고기, 토마호크 등을 방송했는데 본인이 좋아하거나 잘 팔 수 있는 상품으로 팔아야 자신감이 생기고 더 신나게 방송할 수 있다는 걸 직접 보여준 훌륭한 예이다. 지금도 김 차장은 본인이 잘 팔 수 있고 좋아하는 식품 카테고리를 찾아 여러 업체에 컨택하고 유통 카페나 유통 관련 커뮤니티를 찾아다니며 소싱해 좋은 상품을 재미있게 소개해주고 있다.

라이브 커머스 플랫폼은 누구나 볼 수 있게 공개된 곳이기에 업체 관계자들이 자신의 상품을 잘 팔아줄 셀러를 찾아 수시로 판매 방송에 들어와 물색한다. 김 차장 역시 판매 방송을 본 업체들로부터 자기네 상품을 팔아달라는 러브콜을 꽤 많이 받는다.

김 차장은 인스타그램 라이브 방송으로 라이브 커머스를 시작해 그립Grip을 거쳐 이제는 네이버 쇼핑라이브에도 진출하며 조금씩 라이브 커머스 분야에서 이름을 알리며 자리 잡아가고 있다. 최근에는 본인이 직접 기획하고 판매 방송까지 한다며 내게 자랑을 했는데 나는 응원차 스튜디오를 방문해 현장에서 그녀의 방송을 한 시간 동안 모니터링해주기도 했다.

김 차장은 유명 아카데미에서 비싼 수강료를 내고 라이브 커머스를 배운 적도 없고 판매 관련 경력이 있었던 것도 아니다. 그녀역시 나의 강의와 내 책『라이브 커머스 성공 전략』으로 라이브커머스를 시작했고 직접 부딪히고 경험하며 배운 것이 전부이다. 아직 덜 다듬어진 부분이 있긴 하지만 나는 그런 면이 그녀의 강점이라고 생각한다. 판매 방송에서 자주 들리는 비슷한 화법이 아닌 김 차장만의 톡톡 튀고 거침없는 분위기가 좋다.

이 책『오늘 방송도 완판!』을 집필할 때 이제 막 라이브 커머스를 시작한 셀러에게 알려주고 싶은 본인만의 꿀팁이 있느냐는 질문을 한 적이 있다. 그랬더니 초보자들에게 유용하게 도움이 되는탄탄한 기초 꿀팁을 들려주었다.

"아무래도 제가 주로 집에서 혼자 방송하는 편이잖아요? 상품을 진열할 때 휴대전화 세로 화면에 저랑 상품 모두 잘 나올 방법을 고민하다가 각티슈 위에 하얀색 천이나 종이를 덮고 그 위에 상품을 올렸더니 (홈쇼핑에서 주로 사용하는 방식인 투명 아크릴을 사용해도 좋다) 카메라 구도에정말 잘 맞는 거 있죠? 또 업체로부터 상품 샘플을 제공받거나 사야할 때는 최소 3개는 있어야 한다는 걸 꼭 알려주고 싶어요! 하나는 진열, 하나는 방송 중 시연, 나머지 하나는 방송 전에 시식 또는 시연 연습용으로요. 처음에는 멋도 모르고 한 세트만 받았더니 화면에 잘 보이게 진열하고 나면 방송 중에는 보여줄 것도 없고, 진열해야 하니 사전에 미리 사용하거나 먹어볼 수도 없어 얼마나 난감했는지 몰라요."

최근 그녀는 오랫동안 다닌 회사를 퇴사하고 본격적으로 라이브 커머스 시장에 뛰어들었다. 내가 진행하고 있는 소상공인 셀러 실전 양성과정의 보조 강사로도 활동하고 있다. 본인의 꿈이 강의하는 쇼호스트였다는데, 제 나이 마흔에 그 꿈을 내가 이루게 해주었다면서 너무 감사하다는 인사를 한 적이 있다. 나 역시 새로운 도전을 두려워하지 않는 그녀를 항상 응원한다.

## 김 차장의 성공 Point!

그녀의 라이브 커머스 인생에 포문을 열어준 건 나지만, 문이 열리자마자 거침없이 달려가 성공을 쟁취한 건 바로 그녀이다. 기회를 잡는 것도, 꿈을 이루는 것도 결국은 본인의 몫이다. 시작이 반이라는 말을 믿고 딱 한 걸음만 더 걸어보자. 어느새 김 차장처럼 라이브 커머스를 타고 돌진하게 될 것이다.

LIVE COMMERCE

# 35년 만에 폐업한 공장에서
# 라이브 커머스를

베니K 님은 강남에서 편집숍을 운영하는 50대 여성이다. 편집숍을 시작한 지 얼마 되지 않아 코로나19가 들이닥쳤고 그 때문에 거래하던 공장이 35년 역사의 종지부를 찍고 눈물의 폐업을 하게 되었다. 청천벽력 같은 소식을 전해 들은 베니K 님은 한달음에 공장으로 달려갔다.

그녀는 도착하자마자 바로 인스타그램 라이브 방송을 켜고 공장 안에서 곧 폐기 처분될 옷을 팔기 시작했다. 매장에서 정상가로 판매했다면 꽤 고가로 팔렸을 옷들이었는데 폐업을 맞은 공장에서 베니K 님이 직접 옷을 입어보고 인친들의 질문도 받으면서 바로 직거래 판매를 시작한 것이다.

그때까지만 해도 베니K 님은 라이브 커머스라는 것을 체계적으로 배우거나 잘 알던 상황이 아니었다. 게다가 성향상 얼굴이 노출되는 것을 선호하는 스타일도 아니었다. 그런 그녀가 얼마나 거래처 사장님을 도와야겠다는 마음이 간절했으면 한달음에 공장으로 달려가 라이브 방송을 켰을까? 쌓여 있는 옷들을 보며 얼마나 참담한 기분이 들었을까 생각하니 방송을 보는 내내 마음이 짠해졌다.

그 당시 녹화 영상을 보면 베니K 님의 얼굴에는 수줍어하면서도 어딘가 절박하고 비장한 느낌이 든다. 그 간절함 때문이었을까? 그녀는 폐업한 공장에서 얼떨결에 진행한 첫 라이브 커머스 방송 1시간 만에 300만 원의 매출을 올렸다.

이를 계기로 베니K 님은 라이브 커머스에 자신감을 얻었고 우연히 내 라이브 커머스 강의와 책 『라이브 커머스 성공 전략』을 보게 된 후 폐업한 공장에서의 라이브 방송 경험을 살려 본인의 편집숍에서 라이브 커머스 판매 방송을 하게 되었다.

그전까지만 해도 인스타그램에 옷 사진만 올렸었기에 실제 착장 모습이 궁금했던 사람들은 베니K 님의 방송이 반가울 수밖에 없었다. 시국이 시국인지라 백화점이나 매장에 직접 가서 옷을 사기가 꺼림직한 사람 입장에서는 매장 주인이 직접 옷을 입고 원

단부터 디자인, 컬러, 사이즈까지 자세하고 친절하게 알려주니 굳이 직접 매장에 갈 이유가 없어진 셈이다.

코로나19로 손님의 발길이 끊긴 빈 매장에서 요즘도 베니K 님은 삼각대 하나를 세워 놓고 거울 앞에서 가죽 재킷이나 캐시미어 코트 등을 라이브 방송으로 주기적으로 팔고 있다. 나 역시 베니K 님의 단골이 되어서 웬만한 옷들은 베니K 님을 통해 산다. 백화점 퀄리티의 고급 옷을 저렴한 가격으로 살 수 있어 얼마나 좋은지 모른다.

"고객을 혹하게 하는 상품이 있다 해도 내가 만족스럽지 않거나 퀄리티에 확신이 드는 상품이 아니라면 제 얼굴을 내고 도저히 방송을 하지 못하겠어요…."

늘 이렇게 이야기할 만큼 상품에 진심인 베니K 님은 이제 고정비용이 나가는 매장을 정리하고 작은 오피스텔에 쇼룸을 만들어 자신이 좋아하고 퀄리티도 확신하는 상품을 소싱해서 본격적으로 라이브 커머스에 전념할 계획이라고 한다. 베니K 님의 진심은 고객에게도 반드시 전달될 것이라고 믿는다.

## 베니K 님의 성공 Point!

강사와 교육생으로 인연이 시작되었지만 만날 때마다 베니K 님은 참 정직하고 따뜻한 사람이라는 게 느껴진다. 같은 상품이라도 제대로 된 인성을 갖춘 셀러가 파는 상품은 더 좋게 느껴진다. 라이브 커머스 판매 방송에서 셀러의 인성은 상품에 더해지는 프리미엄임을 명심하자.

LIVE COMMERCE

# 6번 방송 만에 6개월 치
# 사과 완판한 청송 사과 농부

청송군에서 사과 농사를 짓는 농부들을 대상으로 1박 2일 라이브 커머스 교육을 간 적이 있다. 1차산업 종사자인 농업인들 역시 코로나19로 대면 판매가 어려워지면서 라이브 커머스가 절실한 분들이다.

특히 요즘 농업인 대부분이 1년 동안 정성껏 농사지은 생산품들을 공판장에 한꺼번에 헐값으로 넘기고 남은 상품들은 온라인 쇼핑몰 등을 운영하며 조금씩 소매로 파는 경우가 많다. 한 번에 다 넘기면 속은 시원하지만 고생에 비해 수입이 적고, 온라인 쇼핑몰은 수익은 조금 더 남지만 시도 때도 없이 한 개 두 개씩 주문이 들어와 귀찮을 때가 많다고 한다.

이때 라이브 커머스 판매 방송을 통해 1시간 동안 집중해서 생산품을 판다면 어떨까? 그래서 주문받은 물량을 한꺼번에 택배 작업을 해서 배송한다면 훨씬 시간과 에너지를 효율적으로 쓸 수가 있지 않을까? 나는 이랬으면 좋겠다는 희망을 품고 교육하는 동안 최선을 다해 농업인들을 교육했다.

교육이 끝난 후 서울로 돌아와 열흘 정도 지났을 무렵이었다. 청송 교육생 중 한 분으로부터 전화가 왔다. 60대이신 그분은 내 교육을 들은 후 직접 그립Grip에 입점해 상품 등록까지 본인이 다 하신 다음 오늘, 첫 방송을 앞두고 있다는데 너무 떨려 어떻게 해야 할지 모르겠다는 것이다.

"시청자가 많지 않을 테니 부담 갖지 마시고 연습 삼아 해보세요."
"아이고 너무 떨리니까 30분만 할게요."

그분은 긴장된 목소리로 전화를 끊었다. 그리고 약속했던 방송 시각이 되었다. 방송 시각이 다가오면서 내 교육생이 어떤 첫 방송을 할지 기대도 되고 긴장도 되었다.

저녁 8시에 정확하게 그립 애플리케이션을 켰고, 순간 내 눈이 놀라움으로 동그래졌다. 손주들의 사진을 넣은 액자도 보이고 에

어컨과 텔레비전도 보이는 안방에서 사과 농부가 본인이 할 수 있는 최대한의 멋을 잔뜩 부린 모습으로 등장한 것이다. 고데기를 한 머리카락, 긴 귀걸이, 번쩍이는 안경, 컬러풀한 스카프까지! 그 모습마저 너무 귀엽고 순수해 보였다.

방송 초반에는 조금 긴장한 듯했지만 의외로 시청자가 있어 댓글과 질문이 제법 되었고 그 덕에 사과 농부 역시 표정에 점점 여유가 생기더니 자신의 애창곡 소양강 처녀까지 부르며 한껏 신이 난 모습을 보여주었다. 30분만 방송하겠다던 그녀는 결국 70분을 꽉 채운 후 아쉬움의 인사를 하고 방송을 마무리했다. 방송이 종료되자마자 바로 전화가 왔다. 글쎄, 대박이 났단다. 방송 한 번에 대박이 난 사람을 본 적이 없기에 내 귀를 의심했다.

"선생님, 대박이 났어요!"

"네? 대박이요? 몇 개가 나갔는데요?"

"3박스 나갔어요. 세상에, 내가 방송을 처음 했는데 그래도 누가 사 주시네요 하하하."

'그 3박스 중 1박스는 제가 산 거예요'라고 마음속 말은 굳이 꺼내지 않았다. 일면식도 없는 사람들이 자신의 이야기를 듣고 사과를 샀다는 거 자체가 너무 신기하고 좋으셨을 테니 그거면 되었다고 생각했다.

다음 날 아침 일찍부터 사과 농부의 방송 알림이 와서 들어가 보니 이번에는 사과 택배 창고에서 라이브 방송이 시작되었다. 그 다음 날은 사과가 다 떨어지고 추위에 꽁꽁 언 과수원에서, 그다음 날은 본인 안방에서 라이브 방송이 열렸다. 어제는 3박스, 오늘은 6박스, 내일은 12박스⋯ 매일 조금씩 판매 수량도 늘어갔다. 그러더니 6번째 방송을 하고 난 후 내게 다시 연락이 왔다.

"선생님~ 제가 방송 6번 만에 온라인 쇼핑몰에다 팔려고 남겨 놓은 6개월 치 사과를 거의 다 팔았어요. 이제 남은 게 거의 없어요."

내 사과를 판 것도 아닌데 나 역시 뛸 듯이 기뻤다. 이분이 사과를 완판하셨다는 소식을 들으니 농업인들에게도 라이브 커머스의 미래가 있다는 확신이 들어 앞으로 더욱더 열심히 교육하러 전국을 다녀야겠다는 사명감도 함께 들었다.

지금 사과 농부는 사과 수확 전까지는 과수원에서 일하는 모습을 라이브 방송으로 보여주며 소통하기도 하고 직접 밭에서 농사지은 감자나 단호박을 판매하기도 한다. 집에서는 노래방 마이크를 쥐고 노래도 부르고 춤도 추고 시 낭송도 하면서 시청자와의 끈을 놓지 않고 계속 팔로우를 늘려가며 재미있게 라이브 커머스를 즐기고 있다.

2020년 12월에 첫 판매 방송을 하신 이 사과 농부는 그동안 거의 매일 방송해서 횟수로는 지금까지 500회 가까이 방송을 했다. 작년 연말에는 방송 1주년 특집 방송을 할 예정이라고 내게 연락이 왔다. 라이브 커머스라는 세계를 알려주어서 감사하고 덕분에 1년 동안 쉬지 않고 했지만 하나도 힘들지 않고 좋았다는 인사도 빠트리지 않았다. 그리곤 이벤트 상품이 제주도 여행 상품권이니 시간이 나면 꼭 방송에 놀러 오라고 했다.

드디어 방송 시각이 되었다. 세상에! 사과 농부의 1주년 축하 방송은 그녀의 첫 방송보다 더욱더 강렬했다. 초록색 뽀글머리 가발에 피에로를 연상케 하는 빨간 옷을 입고 검은색 두꺼운 뿔테 안경을 쓰고는 음악에 맞추어 춤을 추며 방송을 시작한 것이다. 1년 만에 사과 농부는 신선한 사과를 파는 산지 농부가 아니라 시청자들에게 재미와 웃음을 주는 엔터테이너가 된 것이다. 이러한 노력으로 이제 사과 농부는 라이브 커머스 플랫폼 그립의 터줏대감으로 확실히 자리 잡았고 농부님이 롤모델이라며 많이 배우고 싶다고 연락 오는 초보 셀러들도 생겼다고 으쓱해하셨다.

농촌으로 시집와 40년 넘게 농사만 짓고 살았었는데 이제는 전국 곳곳에 있는 많은 사람과 소통할 수 있어 사는 게 너무 신난다고 하신다. 점점 젊어지고 예뻐지는 비결을 여쭈어보았더니 방송하며 일부러라도 웃다 보니 점점 회춘하는 것 같단다. 그 말을 하는 동안에도 사과 농부의 얼굴에는 계속 웃음이 떠나지 않는다.

처음 라이브 방송을 할 때 많은 초보 셀러가 착각하는 점이 전문 방송인처럼 해야 한다고 생각하는 것이다. 하지만 아나운서나 MC 등 제도권 방송사에서 방송했던 사람들은 이 사과 농부처럼 시청자와 친밀한 대화를 나누기가 어렵다. 정형화된 틀에서 정확하고 고운 발성과 발음과 어휘 선택 등을 해야 하므로 늘 카메라 너머로 일정한 거리감이 느껴지기 마련이다.

하지만 사과 농부는 애당초 그런 걸 아는 사람이 아니었다. 그냥 웃기면 깔깔깔 웃고 속상한 일이 있으면 미간을 찡그리며 하소연도 하는 등 진짜 시골에 있는 친척과 영상통화 하는 듯한 느낌이 들다 보니 사과 농부의 방송을 기다리는 단골이 생기기도 하고 꼭 구매를 하지 않더라도 일부러 방송할 때마다 찾아와 댓글로 소통하는 찐팬도 점점 늘고 있다.

재미로 시작한 라이브 커머스가 이제는 웬만한 회사원 한 달 월급 수준의 매출이 생기다 보니 처음에는 쓸데없는 짓을 한다며 면박을 주던 무뚝뚝한 경상도 남자인 남편도 요즘은 청송농부 님이 판매 방송을 하면 슬그머니 자리를 비켜준다고 한다.

청송 사과 농부 님은 건강이 허락할 때까지 라이브 커머스 판매 방송을 계속할 것이고 농사일을 배우고 있는 아들에게도 라이브 커머스를 가르쳐서 대를 이어 하고 싶다는 이야기까지 했다. 시작하는 셀러들에게 "힘들고 두려워도 오뚜기처럼 또 하고 또 하다 보면 재미가 생기고 팬들도 늘어나고 매출도 올라가요!"라고 꼭 말해주고 싶으시단다.

어쩌다 운이 좋아 생긴 이야기 아니냐고? 아니다. 사과 농부가 노력하며 만들어 낸 기적의 이야기이다.

## 청송 사과 농부의 성공 Point!

청송 사과 농부가 1년 넘게 신나게 방송할 수 있었던 비결은 무엇일까? 사실 큰 비결은 없다. 그렇지만 1인 방송이라는 라이브 커머스의 특성을 너무나 잘 활용한 사례라고 할 수 있다. 라이브 커머스를 TV홈쇼핑 방송과 비슷하다고 생각하지 말기를 부탁한다. 조금 못해도, 어설퍼도 괜찮다. 그 모습에서 진정성과 진심을 보여줄 수 있으니까. 60살이 넘은 농부도 잘할 수 있는 것, 그것이 바로 라이브 커머스이다.

# 다꿈 님의
# 꿈

프리랜서 강사인 다꿈 님은 코로나19로 강의가 줄어들면서 온라인으로 관심을 돌렸다고 한다. 그러던 중 우연찮은 기회에 때마침 내 강의를 듣고 내 책 『라이브 커머스 성공 전략』도 읽은 후 라이브 커머스에 도전하게 되었다. 내가 강의와 책에서 알려준 대로 '설득의 6단계'와 '판매 전략 4가지'를 활용해 방송 전에 판매 상품에 관한 연구와 준비를 많이 해서 다꿈 님의 방송은 재미는 물론 내용 또한 상당히 알차다.

　다꿈 님은 내 교육생 사이에서 내가 지은 애칭인 '부각 여신'으로 통한다. 지인이 만드는 김부각을 받아 판매 방송을 시작했는데 똑소리 나는 설명은 물론이고 김부각을 베어 물 때 마이크를 사용해 '바사삭' 소리를 낼 때마다 시청자들은 군침을 꼴딱꼴딱 흘리며 홀린 듯 결제 버튼을 누른다. 김부각에 그다지 관심 없던 나 역시 다꿈 님이 방송에서 김부각 먹는 소리를 들려줄 때마다 나의 뇌는 "빨리 사 빨리 사라고! 맥주랑 먹으면 끝내주겠네!"라고 외치며 빠른 속도로 손가락에 결제 지시를 내린다.

김부각뿐인가. 다꿈 님은 보글보글 끓여 먹는 즉석떡볶이나 칼국수도 정말 맛깔나게 잘 판다. 어떻게 먹으면 더 맛있게 먹을 수 있는지 다른 부재료를 사용해 보여주기도 하고 맵기의 강도도 누구나 직관적으로 알 수 있게 비유하며 알려준다.

화룡점정은 국물이 끓을 때 가슴에 차고 있던 마이크<sup>참고: 요즘은 워낙</sup> 휴대전화에 내장된 마이크가 좋아서 근거리에서 방송할 때는 굳이 마이크가 따로 필요 없다. 하지만 휴대전화와 조금 떨어져 있거나 야외에서 방송해 소음이 있다면 따로 마이크를 착용하는 편이 좋다를 프라이팬이나 냄비에 가까이 대서 끓는 소리를 극대화하여 들려주는 것이다. 이는 시청자에게 청각적으로 자극을 주어 식감을 상상하게 할 수 있고 더 많은 구매로 이어지도록 유도할 수 있다.

그녀의 방송을 보고 있으면 정말 책과 강의로 라이브 커머스 기본기를 잘 다졌다는 생각이 든다. 가을이 짙어 가는 어느 날, 그녀를 오프라인에서 직접 만났다. 원고를 쓰는 과정에서 인터뷰가 필요하기도 했지만 무엇이든 열정적으로 열심히 하고 잘하는 사람은 상대방을 끌어당기는 매력이 있기에 직접 만나보고 싶어 내가 먼저 만남을 제안했다.

다꿈 님은 나를 만나자마자 하도 읽고 줄 그으며 또 읽고 빼곡하게 메모하며 또 읽어 손때가 묻은 『라이브 커머스 성공 전략』을 수줍게 꺼내더니 사인 요청을 했다. 그녀가 라이브 커머스를 하기 위해 얼마나 열심히 노력하고 준비했는지 책 한 권에서 충분히 느낄 수가 있었다.

이런저런 이야기 중 다꿈 님은 지금 본캐가 강사이고 부캐가 라이브 커머스 셀러인데, 판매 방송을 하면 할수록 자신과도 정말 잘 맞아 라이브 커머스 셀러를 본캐로 발전시킬 계획이라고 한다.

최근에는 화장품 회사의 교육 강사 경력을 살려 뷰티 전문 셀러로 이미지를 만들어 가고 있는데 얼마 전 메이저 플랫폼 뷰티 부문 시청률 1위, 구매 2위를 달성했다고 자랑했다.

처음에는 강사라는 직업의 가르치려 하는 본능 때문에 판매 방송에서도 계속 강의하듯이 설명 위주로 방송을 진행했었다고 한다. 그러다 보니 시청자들이 지루해하고 방송에서 이탈하는 것 같아 이제는 작전을 바꿔 시청자들의 호기심을 끌 수 있도록 계속해서 볼거리를 많이 제공하고 있는데 확실히 반응이 좋다고 한다.

다꿈 님은 "주로 젊고 예쁜 20~30대 여성 셀러들의 전유물이라고 여겨지는 뷰티 판매 방송을 40대 중후반에 평범한 외모를 가진 저 같은 사람도 얼마든지 뷰티 방송 셀러로 성공할 수 있음을 보여주고 싶어요"라고 수줍게 이야기했다. 다꿈 님의 많은 꿈 중에 그 꿈은 반드시 이루어질 거라고 믿는다.

## 다꿈 님의 성공 Point!

다꿈 님은 지금도 매일 4시간씩 다른 사람의 라이브 커머스 판매 방송을 모니터링한다. 베테랑 셀러들의 방송에서는 배워야 할 점을 찾아 본인의 것으로 만들고 신인들의 방송에서는 비슷한 실수를 하지 않도록 점검하며 본인 방송에 꼼꼼하게 반영한다. 또 판매 방송 예정인 상품은 미리 유사 또는 경쟁 상품의 판매 방송을 찾아 시청자들이 주로 댓글로 어떤 질문을 하는지 파악한 후 그것들을 본인 방송 때 설명에 잘 녹여내고 있다. 간절하면 보이고, 보이면 배울 수 있음을 다꿈 님을 통해 다시 한번 깨닫는다.

# 호주 엘리의
# 라이브 커머스 성공기

내 라이브 커머스 교육생 중 한 명인 엘리는 호주에 산다. 요즘 엘리는 라이브 커머스 하는 재미에 완전 푹 빠져 있다. 얼마나 푹 빠졌냐면 코로나19로 호주가 록다운 Lockdown, 움직임이나 행동 등에 대한 제재 되자 다니던 직장을 과감히 그만두고 라이브 커머스 판매 방송에만 올인했을 정도이다.

처음부터 엘리가 라이브 커머스 판매 방송을 잘했던 것은 아니다. 그녀의 첫 라이브 커머스 판매 방송이 지금도 생생히 기억난다. 젊고 세련된 외모를 가진 그녀가 장미꽃 패턴이 들어간 예쁜 원피스를 입고 있는 모습만으로도 시선을 끌기에 충분했지만 상품 설명에 관해서는 다소 아쉬움이 있었다.

테이블 위에는 마누카 꿀 박스 여러 개와 개별 스틱 형태로 포장된 꿀 하나를 올려두고, 스틱 꿀을 쭉 뜯어 손쉽게 먹을 수 있음을 보여준 다음 마누카 꿀과 일반 꿀의 차이를 설명했었다.

그런데 마치 화학 선생님처럼 어찌나 어려운 용어를 써가며 설명하던지 고등학교 때 화학을 무척 싫어했던 나는 알아듣기가 힘들어지면서 방송이 지루해지기 시작했다. 나는 엘리에게 다음과 같이 피드백했다.

"최대한 쉽고 재미있게 설명해주세요. 또 상품의 박스만 보여주면 고객은 너무 궁금해합니다. 포장 박스와 함께 개별 포장된 낱개 상품도 펼쳐놓아 볼 수 있게 해주세요. 혼자 먹고 혼자만 느끼는 게 아니라 시청자들도 알 수 있게 투명한 잔에 꿀을 부어 꿀의 농도와 색 등을 보여주는 것도 좋겠습니다. 그리고 간단하게라도 마누카 꿀을 다양한 방법으로 먹을 방법을 보여주는 것도 필요합니다."

그 후 엘리는 내가 조언한 내용을 바탕으로 바로 개선된 판매 방송을 보여주었다. 꿀의 농도와 색을 시청자들도 볼 수 있게 했고 요거트와 샐러드 등에도 응용할 수 있는 조리법을 보여주었으며 마누카 꿀의 장점과 강점 및 다른 꿀들과의 차별점을 더 많이 공부하고 연구해 아주 쉬운 언어로 시청자들에게 설명했다.

이를 통해 자신감을 얻은 엘리는 단순히 호주 특산품인 꿀을 소개하고 해외 배송으로 판매하는 데에 그치지 않았다. 직접 마누카 꿀 농장을 방문해 그곳에서 마누카와 벌들 그리고 채집한 꿀의 모습을 보여주고 꿀 농장을 운영하는 농장주와 인터뷰도 하면서 더 잘 먹는 방법이나 마누카 꿀에 관한 스토리도 풀어주었다.

검색창에 '마누카 꿀'만 쳐도 호주의 마누카 꿀이 다양한 인터넷 쇼핑몰에서 수도 없이 많이 나온다. 하지만 엘리가 라이브 커머스로 판매하는 마누카 꿀은 호주 현지에서 직접 보여주며 판매하기에 훨씬 믿을 수 있다. 나 역시 꿀이 떨어지면 엘리의 라이브 커머스 방송에서 마누카 꿀을 주문하고 있다.

호주로 여행 간 여행객들이 선물로 사서 꼭 캐리어에 넣어오는 게 바로 마누카 꿀이다. 하지만 지금까지 코로나19로 해외여행이 막히면서 호주의 대자연과 마누카 벌꿀 농장 투어는 그림의 떡일 뿐이었다. 이렇게 숨이 막힐 듯한 상황에서 엘리는 수시로 호주의 아름다운 경치와 풍경들을 영상으로 찍어 자신의 SNS에 종종 포스팅하는 서비스를 한다. 그리고 라이브 커머스를 진행할 때는 현지 꿀 농장에 가서 진짜 호주산 품질 좋은 마누카 꿀을 보여주고 시청자들의 구매를 유도한다.

당신이 마누카 꿀이 필요한 상황이라면 어떤 꿀을 선택할 것인가? 누가 파는지도 모르는 꿀을 선택할까 아니면 호주 현지에 사는 친절한 셀러가 내가 궁금한 점들을 바로바로 해결해 주면서 판매하는 꿀을 선택할까? 가격의 차이가 거의 없다면 답은 정해져 있지 않을까?

방송 중 송출이 끊어지는 등 갖가지 우여곡절이 있었지만 엘리는 절대 포기하지 않았다. 문제가 생기면 적극적으로 개선했고 본인이 부족한 부분은 없는지 끊임없이 물어보고 피드백을 받으면 빠짐없이 판매 방송에 반영했다. 그리고 종종 연락해 본인이 이룬 성취에 관해 자랑하고 내 책과 강의 덕분이라며 감사 인사도 빠뜨리지 않는다.

지금은 마누카 꿀 뿐만 아니라 어그 부츠, 프로폴리스 등 호주를 대표하는 다양한 상품을 소싱해 판매 방송을 한다. 지난 겨울에는 그녀가 내게 본인이 판매하는 어그부츠를 선물하며 반가운 소식을 전해주었다.

"대표님~ 믿고 찾아주시는 고정 고객이 많아져 방영 대 시청률 1위가 되기도 하고 외국인 고객도 오기 시작했어요. 그리고 매출도 꾸준히 오르고 있어서 저번 주에는 라이브 방송 1회 동안 매출이 1,600만 원까지 갔었어요."

DM으로 받은 글 속에서 그녀의 신나고 흥분된 목소리가 들리는 듯했다. 본인의 집에서 휴대전화 카메라 하나 달랑 세워 놓고 라이브 커머스를 해서 1회 방송에 약 1,600만 원의 매출을 올렸다는 건 정말 대단한 일이다. 오프라인 매장을 가진 사람도 온종일 가게 문을 열어놓고 있어도 한 달 내내 그 정도 매출을 내는 게 쉬운 일이 아니다.

엘리가 내게 전한 또 하나 기쁜 소식은 지금까지는 본인이 직접 상품 하나하나를 소싱하기 위해 업체 20~30곳에 전화를 하고 메일을 보내는 등 이리 뛰고 저리 뛰었었는데, 얼마 전 호주 시드니 면세점과 계약이 되어 자신이 쇼호스트로 활동하게 되었다고 한다. 이젠 어떤 상품을 팔아야 하는지에 관한 고민 없이 그 쇼핑몰에 있는 인기 상품을 맘껏 라이브 커머스로 판매할 수 있으니 너무나 행복하다고 했다.

또 최근에는 JTBC 예능 프로그램 〈비정상회담〉 출신의 방송인 블레어와 함께 호주 브랜드 홍보대사로 선정되어 라이브 커머스 판매 방송으로 호주 상품을 알리고 있고 해외에 사는 사람들을 대상으로 해외직구를 통해 라이브 커머스를 할 수 있는 강의도 개설해서 본인이 겪은 시행착오와 쌓은 노하우를 공유하는 등 활발하게 활동하고 있다.

엘리는 먼 타지에서 별다른 정보나 도움받을 곳도 없이 내 책과 영상 강의로만 연습과 준비, 열정을 쏟아 순전히 혼자 힘으로 이런 결과를 만들어 냈다. 그녀가 이 성공기를 쓰기까지 얼마나 걸렸냐고? 놀라지 마시라, 1년이 채 걸리지 않았다. 나는 엘리가 참 대견하고 자랑스럽다.

### 엘리의 성공 Point!

엘리의 라이브 커머스 성공 비결은 무엇일까? 생각보다 거창하지 않다. 아직 라이브 커머스에 도전하지 않은 사람들보다 1년 먼저 시작했고, 지금까지 포기하지 않고 꾸준하게 라이브 커머스 판매 방송을 해왔다는 것! 이것이 그녀의 성공 비결이다. 어떤가? 당신도 충분히 할 수 있겠다는 용기가 생기지 않는가?

# 중년 여성들의 라이브 커머스

지자체에서 운영하는 사회적경제지원센터나 창업지원센터에서 라이브 커머스를 교육하며 교육생들과 소중한 인연을 많이 만들어왔다. 출산과 함께 일을 포기해야 했던 육아맘을 비롯해 회사 생활을 정리하고 이제 본인이 사장이 되어 일하고 싶다는 직장인, 40년 교직 생활 후 정년 퇴임하신 전직 교장 선생님, 혼자 아이를 키우며 생계를 책임져야 하는 싱글맘, 친정에서 운영하는 식당 음식을 밀키트로 만들어 판매하고 싶다는 여성 등 나이, 직업, 사연도 제각각인 분들을 교육생으로 만났었다.

그동안 오프라인 시대를 살다 갑자기 변화한 환경에 적응하기 위해 온라인 공부를 하던 중 요즘 핫하다는 라이브 커머스를 알게 되었고, 일단 강의라도 들어보자 하는 가벼운 마음으로 수강했다가 실습까지 해보고는 '이 길이 내 길일 수도 있겠다'라고 용기를 갖게 된 분도 꽤 있다.

특히 40~60대 중년의 교육생들은 라이브 커머스 수업을 특히나 더 재미있어한다. 어느 50대 교육생 한 분은 본인 소개를 하며 현재 우울증을 앓고 있는데 라이브 커머스 교육과 방송 실습을 하면서 너무 즐겁고 유쾌해 우울증이 다 사라진 것 같다고 했을 정도이다. 라이브 커머스를 하며 자신의 언어로 자기가 좋아하는 상품을 소개하고 세상과 소통하는 일 자체가 지금까지 경험해보지 못했던 신세계였던 셈이다.

나 역시 그녀들과 실습하면서 깜짝깜짝 놀랄 때가 상당히 많다. 지금까지 방송 경험은커녕 카메라 앞에서 말해본 적도 없다는데, 심지어 첫 실습에서는 청심환까지 먹을 정도로 긴장하며 걱정하던 분들도 먼저 이론으로 학습하고 연습 삼아 실습한 후 내게 피드백을 받고 다시 실습하면서 그 짧은 시간 안에 스펀지가 물을 빨아들이듯 라이브 커머스를 흡수했다.

교육생 중 L은 중학생 자녀를 둔 40대 여성이다. 그녀는 나를 처음 만났을 당시 라이브 커머스를 이제 딱 2번 정도 해본 병아리 셀러였다. 그녀의 이전 판매 방송을 교육생들과 함께 모니터링

한 적이 있는데 라이브 방송을 한 번도 해본 적 없기에 카메라 앞에서 떨지 않고 말이 막히지 않으면 충분하지 않느냐고 생각하는 다른 교육생들 눈에는 "어쩜 저렇게 잘하지? 나랑은 완전히 다른 세계 사람이구나!" 하는 감탄사가 나올 정도로 누가 봐도 신인치고는 꽤 자연스럽고 말빨 있는 사람이었다.

하지만 라이브 커머스는 만담 방송이 아니라 매출을 내야 하는 상품 판매 방송이다. 식품 중에서도 먹태를 판매했던 L의 판매 방송을 전문가의 눈으로 자세히 들여다보면 고쳐야 할 부분이 몇 곳 있었다.

첫 번째 수정 사항은 1시간 판매 방송 중 시작한 지 30분이 될 때까지 포장 속에 들어 있는 먹태가 시청자들에게 보여지지 않았다는 점이다. 그러니 셀러가 먹태를 먹는 모습 역시 당연히 30분 동안 볼 수 없었다. 2명의 셀러가 "태양 빛에 바짝 말려 바삭거린다" "술안주로도 좋고 밥반찬으로도 좋다"라는 멘트만 주거니 받거니 하면서 방송 시간 절반을 보냈다.

시청자들은 먹태가 어떻게 생겼는지, 한 봉지에 얼마나 들었는지, 얼마나 바삭거리는 식감을 지녔는지 등을 그녀들의 이야기를 통해 상상만 해야 했다.

"왜 먹태를 뜯어 보여주고 먹어보지 않으셨을까요?"

"방송 시작 30분 이후부터 먹태를 꺼내 여러 번 보여줬어요!"

"그럼 방송 초반에 들어온 시청자들은요? 1시간 내내 판매 방송을 볼 시청자는 가족이나 업체 관계자밖에 없어요."

나의 말에 그녀도 머쓱했는지 멋쩍은 웃음을 지었다. 두 번째 수정 사항은 댓글로 시청자들의 질문과 의견이 계속 올라오는데도 초반 30분 동안은 단 한 번도 댓글을 보지 않았다는 점이다.

L의 말로는 너무 긴장하고 떨려 댓글이 눈에 들어오지 않았다고 했다. 댓글이 너무 많이 올라와 빠르게 지나가느라 읽을 수 없을 정도도 아니었는데 댓글 소통이 하나도 이루어지지 않았다는 것은 라이브 커머스의 장점을 제대로 살리지 못한 것이나 다름없다.

결국 L의 방송은 2명의 쇼호스트가 시청자의 반응을 염두에 두지 않고 미리 짠 대본대로만 엄청나게 준비하고 연습했음이 고스란히 느껴지는 방송이었다.

이랬던 L이 내 교육을 받고 실습을 하며 시간이 지날수록 확 달라진 모습을 보여주었다. 그녀가 나와 실습하면서 판매했던 상품은 낙지젓이었고 다른 교육생들은 시청자가 되어 댓글을 달았다. 상품 설명과 댓글 소통을 동시에 할 수 있는 실습이었다.

L은 처음에는 1㎏짜리 낙지젓을 용기 그대로 보여주었다. 그 후 내용물을 접시에 덜어 카메라 가까이 대고 자세히 보여준 다음 김이 모락모락 나는 뜨거운 흰쌀밥 위에 올려 맛있게 먹는 모습을 보여주었다. 댓글을 쓰던 나머지 교육생과 나는 앞다퉈 "이거 살래요!" "너무 맛있겠어요!" "배고파요~" 등 군침을 흘리며 댓글을 올렸고 연습 중이라 살 수 없다는 걸 알면서도 당장 저 낙지젓을 사서 먹어보고 싶은 충동을 느꼈다.

뒤이어 나온 L의 멘트와 먹는 모습에 이미 우리 교육생들과 나는 당장 수업이 끝나고 낙지젓을 사러 갈 태세였다.

"젓갈 1㎏을 언제 다 먹냐고요? 저처럼 한번 해보세요! 이렇게 낙지젓을 총총 썰어 밥과 볶아 낙지볶음밥을 만들어 드세요. 양념이나 간을 따로 할 필요가 전혀 없고 낙지젓만 가위나 칼로 잘게 잘라 밥이랑 볶으면 되지요. 시중에 파는 냉동 낙지볶음밥보다 더 맛있어요! 애들이 얼마나 좋아하는데요."

L은 이 실습으로 내가 라이브 커머스 교육 때마다 가장 많이 강조하는 "(요즘같이 식구 수가 적고 혼자 사는 사람도 많은 상황에서) 왜 이 제품을 사야 하는가?"에 관한 부분과 "식품 방송은 맛있게 보여주

고 맛있게 먹는 게 전부이다"라고 했던 내 말을 찰떡같이 알아듣고 잘 흡수해서 척척 소화하는 모습을 보여주었다.

이후로도 L은 아마추어라 하기에는 믿기지 않을 정도로 배운 것을 잘 활용해서 재미있게 라이브 커머스 셀러로 활동하고 있다.

## 인생 2막을 준비 중인 그녀들의 성공 Point!

40대 이상의 중년들은 20~30대 교육생들과 비교했을 때 젊음의 활기와 세련미는 다소 떨어질 수는 있다. 하지만 이들의 열정과 삶의 서사와 생활 속 노하우는 20~30대가 감히 흉내 낼 수 없는 크나큰 경쟁력이다. 빠른 습득력과 멘트 하나하나가 주옥같아 "이런 상황에 어쩜 그런 생각을?"이라는 감탄사가 나올 때가 한두 번이 아니다. 결혼도 하고 살림도 하고 육아까지 해본 이들의 내공에 열정이 더해졌으니 어느 누가 뛰어넘을 수 있을까?

LIVE COMMERCE

# 60대 남성의 데일리 그릿Daily Grit

MKYU MK&You University, 김미경과 당신의 대학 교육생 중 유난히 눈에 띄는 분이 있었다. 과제를 통해 본 그는 희끗희끗한 머리카락에 늘 양복과 넥타이를 갖추어 입고 시종일관 진지함을 잃지 않는 60대 초반의 남성이었다.

라이브 커머스를 하기에 늦은 나이는 없다고 늘 주장하는 나였지만 30~40대가 주류를 이루는 분위기에서 60대, 그것도 남자 교육생은 많이 생소했기에 더욱더 눈길이 갔다.

'데일리 그릿'이라는 닉네임을 쓰시는 이분은 앞서 소개한 버섯돌이 럭키 님과 마찬가지로 중도 포기하리라 예상했던 교육생 중 한 명이었다. 그런데 수업과 과제 모두 얼마나 열심히 수행했는지 교육 과정이 끝났을 때는 성적 우수자로 선정될 정도로 열정이 대단했다.

처음에는 오랜만에 양복을 입고 노트에 미리 써둔 주례사를 로봇처럼 읽는 동네 이장님처럼 정말 어색해 보였다. 하지만 교육 과정과 실습을 거듭하면서 부족한 부분 하나하나를 개선해나갔고 결국 본인만의 진정성 있는 언어를 갖게 되는 놀라운 변화를 끌어내게 되었다.

하지만 데일리 그릿 님의 화법이나 판매 스킬이 처음과 비교하면 정말 좋아졌다 하더라도 나이에서 느껴지는 무게감과 외적 이미지 때문에 판매 방송에서는 늘 진지하고 권위적으로 보일 수밖에 없었다.

방송을 보는 시청자의 연령대 대부분이 데일리 그릿 님보다 훨씬 어렸기에 이런 진지하고 무거운 분위기는 진정성이 있다 해도 보는 사람이 지루해할 수 있다. 그래서 데일리 그릿 님의 사과 판매 라이브 커머스 방송을 하루 앞둔 날 내가 데일리 그릿 님에게 한 가지 제안을 했다.

"지금까지와 완전히 다른 스타일로 방송해보시면 어떨까요?"
"네? 어떻게요?"

"예를 들면, 1970년대 음악다방 DJ 같은 콘셉트는 어떠세요? 잘 어울리실 듯한데! 알록달록한 셔츠를 입고 단추는 2~3개 정도 푼 다음 목에는 빨간 스카프를 두르고요."

"하하하(…)."

나의 제안은 늘 양복에 넥타이까지 갖추어 입는 데일리 그릿 님에게는 엄청난 도전이기도 했다. 60이 넘으신 나이에 라이브 커머스 선생이라는 사람이 던진 숙제를 과연 수행할 수 있을까? 평생을 유지해온 본인만의 스타일을 갑자기 바꾼다는 게 쉽지만은 않은 일이다. 어차피 실행 여부는 그분의 몫이라 더는 강요하지 않았다.

다음날 데일리 그릿 님의 판매 방송이 시작되었다. 외부 미팅 중에 잠깐 애플리케이션을 켜고 들어갔었는데 그 자리에서 하마터면 웃음이 터질 뻔했다. 인자한 교장 선생님 같았던 데일리 그릿 님은 내가 제안한 것보다 더욱더 오버하여 본인을 꾸미고 방송에 나오신 게 아닌가!

야자수가 그려진 하와이안 셔츠에(심지어 당시 계절은 겨울이었다) 알록달록한 빨간 스카프를 매고 머리에는 두건까지! 1970년대 음악다방 DJ라기보다는 오토바이 폭주족 같기도 하고 산악회 회장님 같기도 한, 아무튼 그동안 한 번도 못 본 참신하다 못해 충격적인 모습에 저절로 웃음이 나올 수밖에 없었다.

나뿐만 아니라 데일리 그릿 님을 응원하러 판매 방송에 참여한 지인들도 깜짝 놀랄 만큼 예상하지 못한 그분의 반전 모습에 방송을 보며 너무나 재미있어했고 방송 내내 유쾌하고 즐거운 분위기가 이어졌다. 그리고는 마지막에는 데일리 그릿 님의 노래로 방송이 마무리되었다.

그럴만한 사람이 그렇게 한 것이 아니라 전혀 그럴 것 같지 않은 사람이 보여주는 반전이 더 큰 즐거움과 웃음을 준다. 그런 의미에서 데일리 그릿 님의 이미지 변신은 대성공이었다. 데일리 그릿 님 역시 이번 방송이 즐거우셨는지 앞으로는 판매 방송 때마다 늘 입던 양복을 벗어 던지고 방송 콘셉트에 따라 다양한 의상을 입고 진행해보겠다는 포부까지 밝혔다.

이처럼 셀러라면 시청자들을 위해 때로는 과감한 변신도 필요하다. 이러한 변신이 셀러를 가볍게 보이게 하거나 방송의 진정성을 흔드는 것은 아니니 너무 걱정할 필요는 없다.

외적 이미지의 변화는 내 방송을 보는 시청자들의 눈과 귀를 즐겁게 하는 것은 물론이고 방송을 진행하는 셀러의 마음가짐을 훨씬 자유롭고 가볍게 만들어 준다. 그러니 본인의 화법이나 방송

스타일을 지금보다 조금 가볍게 전환하고 싶다면 외적인 이미지에 변화를 주는 것을 추천한다.

데일리 그릿 님은 내게 배운 라이브 커머스 기술로 지역 소상 공인의 상품을 본인이 대신 판매해주기도 하고 상품이 없는 다른 교육생들에게 상품을 주선하기도 한다. 또 자신의 전문 분야인 SNS 교육과 연계해 라이브 커머스를 통해 좋은 상품을 가지고 있지만 홍보 방법을 모르거나 판로가 막힌 지역 소상공인들을 돕기 위한 노력을 아끼지 않고 있다.

얼마 전 사위를 보신 데일리 그릿 님은 예순이 넘은 나이에도 누군가의 제안이나 조언에 편견이나 거리낌 등을 보이기보다 바로 수용해 적용하는 실행력과 용기를 가지고 있다. 그러니 황당한 내 제안도 바로 접수하여 실행하셨고, 심지어 예순이 넘어 시작한 인스타그램의 팔로워를 1년이 되지 않은 기간 동안 1만 2천여 명까지 모으기도 했다.

이런 유연성과 실행력은 사실 연세가 있는 분들에게는 참 보기 힘든 면이다. "나이만 든 꼰대"라는 소리를 듣지 않으려면 이런 부분들은 많이 배우고 본받고 싶다.

## 데일리 그릿 님의 성공 Point!

라이브 커머스 뿐 아니라 사실, 이 세상 어떤 일도 성공에는 대단한 왕도가 있지는 않은

듯하다. 데일리 그릿(Daily Grit)이라는 이름처럼 열정과 끈기를 가지고 하루하루 꾸준히

도전하는 것, 그것이야말로 정답이 아닐까?

# 지갑을 열게 하는 스토리텔링

유례없던 코로나19 팬데믹으로 모두 지쳐갈 무렵 우연히 인스타그램에서 한 인친의 라이브 방송을 보게 되었다. 노래를 잘 부르는 그 인친은 가끔 라이브 방송으로 노래방 마이크를 들고 라이브 공연을 하곤 했었는데 그날은 노래보다 라이브 커머스 판매 방송을 하고 있어 더 관심 있게 보게 되었다.

상품이 상당히 특이했는데, 바로 양말이었다. 그것도 대부분 사람이 무난하게 신을 무지 스타일의 면양말이 아니라 엥간한 사람은 신는 것 자체가 도전일 듯한 꽃무늬 양말이었다. 요즘 유행 중 하나가 복고풍이라지만 라이브 방송을 하는 그 인친부터 40대 중반은 되어 보였기에 '저렇게 튀고 촌스러운 양말을 누가 신는다고 저런 양말을 팔려는 걸까'라고 생각했다.

그런데 반전이 일어났다. 우습게 보였던 그 양말이 방송 시작 몇 분 만에 완판된 것이다. 물론 인스타그램 라이브 방송에서 인친들을 대상으로 이벤트처럼 판매했기에 수량이 많지 않았으리라고는 짐작했지만 그런데도 어떻게 그 난해한 꽃무늬 양말이 짧은 시간 안에 매진될 수 있었을까? 그녀의 판매 전략을 보니 무릎을 '탁' 치지 않을 수 없었다.

그녀는 그 꽃무늬 양말을 매일 신고 다니는 용으로 판매한 게 아니었다. 매일 신는 양말을 팔 때 강조하는 "면이 몇 %이고 디자인이 어떻고 발목을 덮고…" 등의 설명은 하지 않았다. 대신 그녀는 선거 유세하듯 이렇게 이야기했다.

"사랑하는 인친 여러분! 올 한해 얼마나 힘드셨어요? 코로나19가 우리를 너무나 힘들게 했습니다. 진짜 고생 많이 하셨어요. 우리 이제 다가오는 새해에는 이 꽃 양말 신고 '꽃길'만 걸읍시다! 내년에는 좋은 일만 생길 거예요!"

그리고는 쿵짝쿵짝 음악이 나오더니 노래방 마이크를 들고 그녀의 주특기인 노래를 아주 멋들어지게 불러주었다. 이 모습을 보

고 있자니 새해에는 꽃길만을 걷고 싶다는 바람과 함께 그 꽃무
늬 양말을 사고 싶다는 충동이 생길 정도였다. 이는 상품의 콘셉
트를 정말 기발하고 재미있게 잡은 사례로, 이것이 바로 상품에
스토리를 입히는 스토리텔링 방법이다.

사과로 유명한 일본 아오모리현의 '합격 사과 이야기'는 잘 알
려진 스토리텔링의 대표적인 사례이다. 큰 태풍으로 판매할 사과
대부분이 상하고 겨우 남은 나머지도 상태가 좋지 않아 상품으로
팔기 어려운 절망적인 상황에서 어느 농부가 태풍에도 굳건히 매
달려 있던 사과를 보며 번뜩이는 아이디어를 떠올렸다.

당시 일본은 대학입학시험을 앞둔 시기였는데 남은 사과에 '절
대로 떨어지지 않는 합격 사과'라는 타이틀을 붙여 팔기로 한 것
이다. 결과는 어땠을까? 대입 시험을 앞둔 자녀를 둔 부모와 지인
이 너도나도 그 합격 사과를 사면서 대성공을 거두었다고 한다.

이와 비슷한 스토리텔링의 사례가 우리나라에도 있었다. 대구
경북 지역의 '하늘만이 허락한 보조개 사과'이다. 어느 해 대구 경
북 지역에 큰 우박이 내려 빨갛고 매끈해야 할 사과에 움푹 팬 흠
집이 생겨 모양이 찌그러졌다고 한다. 도저히 돈을 받고 팔 만한
상태가 아니었기에 사과 농가들은 절망의 한숨을 쉬고 있을 수밖
에 없었다.

그때 누군가가 움푹 팬 사과의 모양을 보고 "아! 마치 웃고 있는 사람의 보조개 같네. 이건 사람이 만들래야 만들 수도 없고 하늘만이 만들 수 있는 거겠군"이라는 말을 했다고 한다.

이렇게 상품성이 떨어지는 사과에 '하늘만이 허락한 진귀한 보조개 사과'라는 스토리를 만들어 지역 농협에 판매하게 되었는데 대박이 났다고 한다. 서로 이 사과를 사겠다고 대형마트들이 앞다 튀 경쟁할 뿐만 아니라 다른 지역의 유명 백화점에서까지 사과가 판매되기도 했다.

인천의 꽃무늬 양말과 일본 아오모리현의 합격 사과, 대구 경북의 보조개 사과를 단순히 매일 신는 양말이나 제철 과일 등으로만 판매했다면 아무리 가격을 낮춘다고 해도 아마 잘 팔리지 않았을 것이다.

하지만 상품에 스토리를 더했더니 그 가치가 훨씬 높아졌다. 이렇듯 스토리텔링은 사람들이 계속 듣게 만드는 힘이 있고 오랫동안 기억에 남도록 돕는다. 또 하나, 이 스토리텔링은 우뇌를 촉진해 구매 충동도 자극하니 라이브 커머스 셀러라면 꼭 참고하길 바란다.

## 스토리텔링의 성공 Point!

라이브 커머스는 결국 시청자들의 방송 시청 시간을 늘려 구매 전환율을 높이는 것이 최종의 목표이다. 그러니 다양한 스토리텔링을 개발하여 시청자들이 셀러의 이야기에 빠져들어 설득되도록 하자.

# 댓글 전문가
# 천 주부의 소싱 비법

교육생 중에 '천 주부'라는 분이 있다. 이미 인스타그램 인친 사이에서는 알만한 사람은 다 아는 유명인인데, 새벽에 출근하고 낮에 퇴근하는 그는 직장에 다니는 아내를 대신해 아이들을 돌보고 살림도 해서 닉네임이 천 주부이다.

천 주부의 요리 실력은 본인이 가족에게 해주는 요리를 인스타그램에서 매번 뽐낼 만큼 웬만한 프로 요리사 저리 가라 할 정도로 수준급인데, 이러한 재능을 살려 간편식을 소싱해 스마트 스토어를 운영하고 최근에는 라이브 커머스까지 시작해 꽤 성과를 내는 만능 재주꾼이다.

천 주부는 상당히 특이한 방식으로 상품을 소싱한다. 바로 '댓글 쓰기'이다. 많은 사람이 "그게 뭐지?" 하고 의아할 듯하다. 천 주부의 노하우를 공개하자면 한마디로 본인이 관심 있는 상품의 라이브 커머스 방송을 찾아가 댓글을 다는 것이 핵심이다. 얼핏 보면 쉬워 보이지만, 이 '댓글 달기'에는 상당히 전략적인 노력이 필요하다.

먼저 사전에 상품의 구성, 가격, 이벤트, 할인, 무료 배송 여부, 셀링 포인트 등을 확실히 파악해야 한다. 그다음 방송이 시작되면 셀러의 멘트를 들으며 상품 정보에 해당하는 부분을 요약해 댓글로 올린다. 즉 판매사 쪽 댓글 관리자들이 하는 역할을 천 주부가 자발적으로 하는 것이다.

또한 셀러가 놓치고 넘어가는 상품의 주요 셀링 포인트를 캐치해 셀러에게 실시간으로 질문하면서 셀러가 방송 흐름을 잃지 않도록 돕기도 한다. 만약 상품과 상관없는 엉뚱한 댓글 때문에 셀러가 당황하거나 방송 분위기가 어색해지면 다시 상품 가격과 구성, 셀링 포인트 위주의 댓글을 올려 판매 방송 분위기로 전환되도록 유도한다.

누가 시킨 것도 아닌데 웬 모르는 시청자가 본인들 상품을 파는 방송을 할 때마다 찾아 들어와 이런 열과 성을 보인다면 판매사 관계자 입장에서는 어떨까? 본인들의 상품을 이렇게 잘 알고 관심을 두는 시청자에게 호감이 가지 않을까? 천 주부는 이런 댓글 활동을 꾸준히 하며 자신이 판매하고 싶은 제품을 만드는 회사의 대표나 관계자와 자연스럽게 친분과 신뢰를 쌓아 원하는 상품을 소싱한다고 한다.

본인 상품이 없는 위탁이나 대행 셀러가 가장 고민하는 부분이 바로 상품 소싱이다. 방송 경험이 적거나 매출이 낮은 셀러라면 본인이 팔고 싶은 상품을 소싱해 팔 기회보다 사람들에게 인지도가 낮은 비인기 상품을 소싱해 팔 기회가 더 많을 것이다.

하지만 천 주부는 본인만의 방식인 '댓글 달기'로 본인이 팔고 싶은 상품을 직접 소싱해서 판매한다. 또 댓글을 달면서 다른 사람들은 어떻게 방송하는지 모니터링하게 되어 진행 방식이나 테크닉 등도 함께 배우게 되어 많은 도움이 된다고 한다.

천 주부가 자신의 SNS에 올린 글 '꾸준한 댓글은 인연이 되고, 그 인연이 나에게 좋은 기회를 안겨 줄 것이다!'처럼 천 주부는 오늘도 자신의 힘으로 인연을 만들어 기회를 잡고 있다.

## 천 주부의 성공 Point!

천 주부의 라이브 커머스 방식은 다소 엉뚱하고 생소하다. 하지만 누군가가 기회를 주기

만을 기다리지 않고 자신의 힘으로 길을 찾아 정면 돌파하고, 한두 번 시도하고 그칠 게

아니라 목표한 바를 이룰 때까지 꾸준함을 유지한다는 점이 천 주부가 하는 댓글 소싱의

핵심이 아닐까?

# 팝콘 농부의
# 라이브 커머스 도전기

한 지자체 교육에서 만난 팝콘 농부는 나보다 나이가 많은데도 나를 깍듯이 "스승님"이라고 불러주시는 분이다. 그는 도시에서 하던 사업을 정리하고 가족과 고향으로 귀촌한 중년의 농부인데 귀촌 후 아내와 함께 자신들의 땅에서 팝콘 옥수수와 사과 농사를 시작했다.

귀촌 후 드디어 3년 만에 애지중지 키운 사과를 첫 수확하게 되었다. 그런데 기쁨도 잠시, 그 지역에 갑작스러운 태풍이 휩쓸고 지나가면서 3년간 정성껏 농사지은 사과가 모두 떨어져 하나도 판매할 수가 없게 되었다. 그때 팝콘 농부의 심정이 어땠을지는 감히 짐작하기도 조심스럽다.

팔 수도 없고 그렇다고 버리기도 너무 아까워 어찌해야 할지 모르던 참담한 상황에서 갑자기 아이디어 하나가 떠올랐다고 한다. 바로 떨어진 사과로 사과 청인 발효액을 만들어보자는 것이었다. 하지만 사과 발효액으로 할 수 있는 게 아무래도 제한적이다 보니 이것저것 시행착오를 겪을 수밖에 없었다고 한다.

그러던 중 당시 사과 농사 외에도 팝콘 옥수수 농사를 지어 팝콘을 만들고 있었는데, 팝콘에 사과 발효액을 발라 먹어보니 꽤 맛이 괜찮음을 발견했다. 그래서 팝콘에 사과 발효액을 더한 레시피를 개발하여 상품으로 출시했는데 예상외로 아이를 키우는 부모들에게서 반응이 꽤 좋았단다.

그 후 사과 팝콘의 여세를 몰아 인근 목장에서 공급받은 신선한 우유를 더해 우유 팝콘을, 지역 농민들이 농사지은 고추와 복숭아로 발효액을 만들어 고추 팝콘과 복숭아 팝콘 등을 개발하게 되었다. 팝콘 농부는 이 팝콘으로 나라에서 주는 큰 상도 여러 차례 받았고 지역 방송에서 성공적인 귀농·귀촌 사례로 자주 출연하는 지역의 유명인이 되었다.

이러한 스토리를 보유한 팝콘 농부였지만 라이브 커머스 방송으로 자신의 상품을 판매했던 적은 한 번도 없었기에 처음 교육을 받기 시작했을 때는 상당히 막막해했다. 하지만 두 달여간의 교육을 받은 후 첫 실전 방송으로 진행한 네이버 쇼핑라이브에서는 첫 판매 방송이라고는 믿기지 않을 정도로 여유 있고 재미있게 잘 해내는 모습을 보여주었다.

체험 마을 운영과 농사일, 제품 개발까지 눈코 뜰 새 없이 바쁜 농촌 생활 속에서도 팝콘 농부는 요즘 자신이 정한 요일과 시간마다 본인의 사무실 한쪽에 마련한 간이 스튜디오에서 직원과 함께 직접 제작한 팝콘 모자를 쓰고 단 한주도 빠지지 않고(심지어 이 책『오늘 방송도 완판!』을 탈고하고 있는 중에도 팝콘 농부의 판매 방송 알림이 울렸다!) 매주 라이브 커머스 판매 방송을 하고 있다.

최근 팝콘 농부에게 라이브 커머스는 여전히 할만하냐고 물었던 적이 있다. 그는 한 치의 망설임도 없이 "너무 재밌어요! 시간 가는 줄 모르겠어요!"라고 대답했다. 라이브 커머스를 하며 무엇이 제일 재미있느냐고 했더니 역시 신이 나는 목소리로 다음과 같은 답이 돌아왔다.

"전국에 있는 여러 사람과 소통하는 것도 재미있고요. 이렇게도 해보고 저렇게도 해보고 내가 하고 싶은 대로 시도해보는 것도 재밌어요. 그리고 제 나이가 요즘 세대만큼 디지털이랑 친숙하진 않잖아요? 다른 온라인 세상은 너무 어렵고 복잡한데 라이브 커머스는 일단 접근하기가 쉬워서 좋고요. 그리고 내 사무실에서 내 물건을 내가 파니 돈 나가는 것도 없고 잘 팔리면 너무 좋고 덜 팔린다고 손해 보는 것도 아니니까 그것도 좋아요."

나아가 주변의 다른 농민들과 협업해 더욱더 특색 있는 다양한 지역 상품을 개발하여 라이브 커머스를 좀 더 확대하고 싶다는 원대한 포부까지 밝혔다. 상생까지 생각하는 팝콘 농부의 꿈에 응원의 박수를 보낸다.

## 팝콘 농부의 성공 Point!

팝콘 농부를 보면 라이브 커머스 성공 동력으로 '꾸준함'과 '지속성'도 중요하지만 '재미'와 '좋아함' 역시 라이브 커머스를 지속할 힘이지 않을까 하는 생각이 든다. 아는 사람은 좋아하는 사람만 못하고, 좋아하는 사람은 즐기는 사람만 못하다는 공자님의 말씀(知之者不如好之者, 好之者不如樂之者)은 라이브 커머스 셀러에게도 통하는 진리인 듯하다.

# 장군님을 일으켜 세운
# 직업군인 J의 자기소개

『라이브 커머스 성공 전략』 출간 후 얼마 지나지 않아 20대 청년 J로부터 책을 잘 읽었고 좋은 책을 출간해주어 감사하다는 인사를 SNS 메시지로 받았다. 알고 보니 그 친구는 현역 직업군인이었는데 전역을 준비하며 온라인 마케팅 공부를 하던 중 라이브 커머스를 알게 되었고 내 책을 읽으며 인사이트를 얻었다고 했다.

그 일을 계기로 J는 나의 첫 번째 1 대 1 라이브 커머스 수업 제자가 되었고 1주일에 1번씩 줌으로 수업이 이루어지게 되었다. 첫 번째 수업 시간, 나는 J에게 본인의 장점을 말해보라고 했다.

"안녕하십니꽈? 저는 J입니돠. 저의 장점은 불평불만을 하지 않는 것과 어디서든 잘 적응하는 적응력이라고 생각합니닷! 이상입니다."

시원스레 말하는 그의 소개 멘트에 나는 할 말을 잃고 고민에 빠졌다. 과연 이 친구가 전역해서 라이브 커머스로 상품을 판매할 수 있을까 싶은 걱정도 밀려왔다. 잠시 침묵하며 생각을 정리한 후 나는 J에게 질문했다.

"불평불만 하지 않고 적응력이 좋다는 건 어떤 의미인가요?"
"옙! 저는 반찬이 입에 맞지 않더라도 불평불만 하지 않고 샤워 중에 화장실에 전구가 나가는 등 좋지 않은 어떤 환경에서라도 적응을 잘 합니다."
"아이고~ J씨, 정말 불평불만인 그런 거 말고 진짜 본인의 강점을 한 번 이야기해보세요."

살면서 본인의 강점에 관해 한 번도 깊이 생각해본 적이 없었는지 나의 재촉에 처음에는 주저하더니 하나둘씩 툭툭 말하기 시작했다. 이야기를 듣다 보니 꽤 장점과 강점이 많은 능력 있고 매력 있는 청년이었다. 그래서 다음과 같이 하나하나 코칭하며 그다음 수업 때까지 자기소개 내용을 완성하고 연습해오기로 했다.

"본인의 강점 중 가장 센 강점 3가지만 추려보세요."

"본인의 강점을 3가지 카테고리로 나눠 이야기해주세요."

"그 강점 각각에 하나씩 근거를 제시해 보세요."

"상대방의 머릿속에 자연스레 그림이 그려지듯이 예를 들면서 이야기 해주세요."

"혼자 브리핑하듯이 딱딱하게 하지 말고 친분 있는 사람과 대화하듯 이 이야기해볼까요?"

"판매 방송을 시작할 때는 청중의 관심을 끄는 게 중요해요. 호기심 을 유발할 만한 질문을 던져보세요."

10년 가까이 직업군인으로 생활하며 군대 언어가 습관화된 J가 과연 첫 수업 이후로 얼마나 변했을지 너무나 궁금했다. 드디어 두 번째 수업이 시작되었고 나는 J에게 준비해온 자기소개 하기 를 지시했다.

J의 입에서 첫마디가 나온 순간부터 난 귀를 의심했다. 불과 1주 일 전만 해도 군기가 바짝 들어 불평 불만 하지 않는 것과 적응력 이 자신의 장점과 강점이라고 말했던 J는 어디로 가고 아예 다른 사람이 되어 온 것이다. 검은색 목폴라 티에 청바지를 갖춰 입은 그는 다음과 같이 자신을 소개했다.

"여러분, 지금 제가 입은 옷을 보면서 떠오르는 사람이 있지 않으세요? 네, 바로 스티브 잡스라고 생각하셨죠? 맞습니다. 그렇다면 스티브 잡스와 저의 공통점이 무언지 아시나요? 머리숱이 많지 않은 거요? 그것 말고도 제가 스티브 잡스와 소름 끼치게 일치하는 점이 하나 더 있습니다. 바로 MBTI 유형이 똑같다는 겁니다. 스티브 잡스와 저의 MBTI 유형은 전 세계에 단 2%만 존재하는 ENTJ 유형입니다. 흔히 말하는 '지도자형'인데요. 이 '지도자형'은 조직적이고 체계적이며 계획적인 점이 특징입니다. 제가 스티브 잡스처럼 얼마나 조직적이고 체계적이고 계획적인 사람인지 지금부터 말씀드리겠습니다. 저는 5년 전부터 목표 3가지를 세웠습니다. 첫 번째 목표는 '나만의 기술 만들기'입니다. 저는 그 기술을 만들기 위해 '드론'이라는 기술을 익혔고 그 결과 대한민국 육군 60만 명 중 60명도 채 되지 않는, 최고의 드론 전문가들만 할 수 있다는 육군의 드론 교관이 되었습니다. 그야말로 만 명 중 한 명 있을까 말까 한 사나이가 된 거죠. 두 번째 목표는 '학업적인 성과 이루어내기'입니다. 이 목표를 위해 저는 군 복무 중에도 주경야독으로 사이버대학교를 다니며 공부하고 있습니다. 앞으로 마케팅과 라이브 커머스에 관해 더 공부할 예정입니다. 마지막 세 번째 목표는 '저만의 비즈니스 모델 만들기'인데요. 언젠가는 저도 군대라는 조직을 나가야 하므로 그때를 대비해 틈날 때마다 쇼핑몰 운영과 라이브 커머스 등 각종 창업에 관한 강의를 듣고 배우고 있습니다. 그래서 얼마 전에는 전국 육군 창업경진대회에서 우수한 성적을 거두었고요. 지금은 아시아대학생창업경진대회 국제전에서 한국대표팀 팀장을 맡고 있습니다. 여러분, 이렇게 듣고 보니 제가 좀 매력이 있나요? 지금은 목표를 세우고 차근차근 실행하는 단계이고요. 스티브 잡스와 또 소름 끼치게 일치하는 저의 이 근성으로 계속 성장해 꼭 훌륭한 군인으로서, 또 온라인 마케팅 전문가로서의 꿈을 이루는 사람이 되겠습니다. 감사합니다."

나도 모르게 박수가 나왔다. J는 내가 코칭한 모든 것을 자기소개에 다 녹여냈고 완벽하게 숙지해 당당하게 발표했다. 본인의 목표 3가지를 소개하면서 과거와 현재 그리고 미래의 J까지 임팩트 있게 너무나 잘 말해주었다. 당신이 면접관이라면 처음에 J의 자기소개와 나중에 J의 자기소개 중 어떤 J를 선택하겠는가?

그 후 얼마 되지 않아 J는 너무나 기쁜 소식을 들려주었다. 육군 장군이 참석하는 자리에서 부사관들이 한 명씩 자기소개하는 시간이 있었다고 한다. 다른 부사관들은 순서대로 일어나 소속과 나이, 가족관계 등 신분증이나 등본에서 볼 법한 짧은 소개를 하고 앉았다고 한다.

그 자리에서 J는 나에게 배우고 연습한 대로 본인 소개를 했는데 세상에! 근엄하게 앉아 계시던 장군님이 J의 소개가 끝나자마자 자리에서 일어나 손뼉을 치셨다고 한다. 이건 정말 그의 노력이 가져온 기적이 아닐 수 없었다.

---

### 직업군인 J님의 성공 Point!

J가 겪은 시행착오는 라이브 커머스 판매 방송에서 상품의 셀링 포인트를 잡아 시청자들에게 어필하는 과정과 같다. 같은 상품을 팔더라도 셀러가 얼마나 상품의 장점과 강점을 찾아 매력적으로 소구하느냐에 따라 A급이 B급이 될 수도 있고, B급이 A급이 될 수도 있음을 명심하자.

# 마음을 파는 셀러

작년부터 국내 유명 대기업의 의뢰를 받아 라이브 커머스 전속 셀러 양성을 위한 교육을 진행하고 있는데, 교육 후 Q&A 시간에 "강사님, 제가 사투리를 많이 쓰는데 저 같은 사람도 라이브 커머스 셀러가 될 수 있나요?"라고 질문했던 '제니퍼'라는 분은 유난히 기억에 오래 남는 교육생이다.

내게 교육받은 후 그녀의 행보를 말하자면, 함께 공부한 다른 동료들은 판매사의 섭외를 받아 판매 방송을 진행하는 라이브 커머스 전문 셀러의 길을 가게 되었고 제니퍼 님은 다른 누군가의 선택으로 좌지우지되기보다 내 길은 내가 개척해야겠다는 생각에 바로 사업자를 내고 라이브 커머스 전문 플랫폼에 입점해 열심히 옷을 팔고 있다.

현재 지방에서 살고 있는 제니퍼 님은 코로나19로 도매 옷을 사러 매번 서울로 올라올 수 없는 상황이라 구글 도매처 사이트를 뒤져 마음에 드는 옷을 최저가로 판매하는 곳을 어렵게 찾고 찾아 사입<sup>仕入</sup>을 통해 판매 방송을 진행하고 있다.

열정이 얼마나 대단한지 판매 방송 시작 100일 만에 방송 횟수가 150회가 넘어갈 정도였는데, 이는 하루에 2번 방송한 날이 절반 가까이 된다는 뜻이다. 이렇게 짧은 기간 안에 쉬지 않고 방송을 많이 하는 이유는 이제 곧 50을 바라보는 나이라 여유를 부리기에는 시간도 너무 아깝고 고민하기보다는 일단 부딪쳐보면서 해결하려는 그녀의 성향 때문이다.

다시 돌아가, 교육 때 사투리에 관한 그녀의 질문에 나는 "그럼요! 라이브 커머스는 사투리를 써도 아무 상관 없어요. 오히려 사투리를 캐릭터로 잘 살려보세요"라고 조언했는데, 내 조언에 따라 그녀는 자신을 '친근한 아는 언니' 캐릭터로 잡고 사투리를 감추지 않으면서 시원시원하고 재미있게 판매 방송을 하고 있다.

또한 그녀의 독특한 패션 스타일과 성격을 좋아하는 찐팬도 늘어나면서 짧은 기간이지만 적지 않은 매출이 일어나고 있다고 한다. 코로나19로 다 힘들다고 하는데 이 시국에 라이브 커머스를 시작한 본인은 오히려 수익이 나오고 있어 빨리 시작하기 잘했다고 스스로 만족해하고 있다.

최근 제니퍼 님에게는 어느 단골과의 댓글 소통을 계기로 셀러로서의 획기적인 전환점을 맞게 된 잊지 못할 일이 있었다고 한다. 판매 방송을 시작한 지 얼마 되지 않은 지난 크리스마스에 이벤트 선물로 예쁜 핑크색 인조 모피 코트를 경품으로 걸고 판매 방송을 했다고 한다. 그 예쁜 코트를 단골 중 한 명이 운 좋게 받게 되었고 그 고객은 코트를 배송받자마자 직접 입고 환하게 웃으며 인증 사진을 찍어 제니퍼 님에게 보내주었다고 한다.

그런데 알고 보니 단골이 코트를 입고 사진을 찍어 제니퍼 님에게 보낸 날이 암을 선고받고 첫 번째 항암 치료를 위해 병원에 입원하기 바로 전날이었다고 한다. 제니퍼 님은 그 사실을 알고 울컥했지만 그 후로는 그 단골을 방송에서 만날 수 없었기에 한 번씩 그 고객이 떠오를 때마다 궁금하기도 하고 걱정도 되었다고 한다.

그런데 라이브 커머스 판매 방송을 시작한 지 3개월 쯤 지나 제니퍼 님도 조금씩 매너리즘에 빠질 무렵, 항암 치료를 받기 위해 입원했던 그 단골이 예상치도 못하게 제니퍼 님의 판매 방송에 다시 입장했다고 한다.

제니퍼 님은 너무나 반가워 그녀의 닉네임을 부르며 "어머~ ○

○○님! 그동안 고생 많이 하셨죠? 이제 다 회복되셨나 봐요?"라며 웃으며 인사했는데, 그 고객이 올린 댓글을 보고는 갑자기 쏟아지는 눈물을 참느라 라이브 판매 방송 중에 억지로 입술을 깨물 정도였고, 이 이야기를 하는 제니퍼 님과 인터뷰를 위해 듣고 있던 내가 동시에 울컥하며 목이 메어 잠시 말을 잇지 못했다.

단골 고객인 그녀는 "지금도 입원 중이고 현재 항암 5차 주사를 맞고 있어요. 고통이 너무 심해서 입에 얼음을 물고 조금이라도 고통을 잊고 싶어서 지금 제니퍼 님 방송을 보고 있는 중이에요" 라고 댓글을 달았다고 한다.

"제가 이 단골 고객님과 이런 일이 있고 나니까 정신이 확 나더라고요. 제가 유명한 사람도 아니고 방송 시작한 지 얼마 되지도 않았는데 많고 많은 채널 중에서 항암 치료의 고통을 잊고 싶어서 제 방송을 보러 왔다고 하니까 눈물이 날 정도로 고맙고 보람이 있는 거예요. 그리고 꼭 댓글을 달지 않아도 어디선가 누군가는 내 방송을 보며 재미있어 하고 힘을 내고 있다고 생각하니 더 즐겁게 잘해야겠다는 생각이 들었어요."

그래서 제니퍼 님은 이제는 판매 방송을 할 때 시청자 수나 댓글 개수가 적어도 혹은 매출이 부진해도 누군가는 내 방송을 보고 있다 믿으며 항상 밝은 표정으로 방송하려 애쓴다고 한다.

내게 교육받기 전까지는 '라이브 커머스'의 'ㄹ'도 몰랐던 제니퍼 님은 아기 새가 처음 눈을 뜨고 본 대상을 어미 새로 여기는 것처럼 자신을 라이브 커머스의 세계로 눈 뜨게 해 준 어미 새가 바로 '나'라며 라이브 커머스를 몰랐다면 이런 소중하고 멋진 경험을 어떻게 할 수 있었겠냐고 인터뷰 중에 나와의 인연에 관해 진심을 담아 감사한 마음을 표현했다.

이런 인사를 들을 때면 괜히 쑥스럽기도 하지만 힘들어도 이 길을 걷길 참 잘했다는 생각에 행복한 마음이 든다.

### 제니퍼 님의 성공 Point!

'라이브 커머스 판매 방송'이 분명 상업적인 방송임은 맞다. 하지만 라이브 커머스는 물건을 사고파는 것뿐 아니라 보이지 않는 고객과 연결되어 감정을 나누고 소통하는 장이기도 하다. 이 소통은 고객의 마음을 흔들어 물건을 사게 하기도 하지만 누군가에게는 잠시나마 고통을 잊게 하는 힘이 되고 작은 위로가 될 수 있다고 생각하면 셀러들이 제니퍼 님처럼 방송 중 멘트 하나하나에도 정성과 진심을 담으면 좋겠다는 생각이 든다.

LIVE COMMERCE

# 미래의 열매를 위해
# 오늘 꽃을 피우는 셀러

귀엽고 예쁘장한 자기 외모처럼 예쁜 핸드백을 라이브 커머스로 판매하는 아나나스 님도 나와 인연을 맺은 교육생이다. 내게 교육 받기 전부터 1년 가까이 라이브 커머스 판매 방송을 했다는 그녀 는 셀러로서 자신을 좀 더 업그레이드하고 싶다며 내게 노크했다. 교육 전 그녀의 지난 판매 방송들을 보니 1년 동안 꾸준히 방송하 며 노하우를 쌓은 터라 크게 흠잡을 데 없이 노련했다.

그런데 딱 하나! 매장에 있는 많은 가방을 시청자에게 골고루 다 보여주고 싶은 마음과 원래부터 사람들 앞에 나서는 것을 쑥 스러워하는 성격 탓에 카메라 앞에서 무언가 조급하고 산만하게 행동하는 듯했다. 핸드백 디자인을 보여주는가 싶으면 갑자기 가

방 속을 열어보고, 좀 찬찬히 보려고 하면 또 다른 핸드백을 소개하는 식이었다.

동작이 바쁘다 보니 멘트도 빨라져 시청자가 충분히 상품을 인지하기가 쉽지 않겠다는 생각이 들었다. 그래서 교육 당시 아나나스 님에게 2가지 미션을 주었다.

첫 번째, 1시간 동안 방송에서 보여줄 핸드백의 종류를 5개 미만으로 제한할 것!

(지금까지는 무려 15개 가까이 소개했다고 한다.)

두 번째, 카메라 앞에서 핸드백의 디테일한 모습을 보여줄 때는 부분마다 고객이 최소 2~3초 이상 볼 수 있도록 시간적인 여유를 줄 것!

(예를 들어, 가죽의 질감을 보여주거나 지퍼를 보여주거나 가방 속을 보여줄 때 등 의식적으로라도 마음속으로 하나둘 셋을 세어보기를 권했다.)

당장 다음 판매 방송부터 내가 준 미션이 바로 반영되자 아나나스 님의 방송은 그동안 했던 판매 방송보다 훨씬 여유 있고 안정감이 느껴졌다. 게다가 저렴한 핸드백을 싸게 파는 것이 아니라 퀄리티 있는 핸드백을 좋은 가격으로 파는 셀러라는 이미지까지 시청자에게 주게 되었다.

교육 후에 1년 넘게 이어온 습관을 이렇게 빨리 개선할 수 있었던 이유는 아나나스 님의 라이브 커머스에 관한 애정과 전문가의 조언을 감사히 받아들이는 겸손한 마음 덕분이라고 생각한다.

사실 아나나스 님은 지방에서 직접 핸드백을 소싱해 오프라인 매장을 운영했는데 코로나19로 영업이 어려워지자 1년 전부터 매장에서 휴대전화 카메라를 켜고 라이브 커머스 판매 방송을 하기 시작했다고 한다. 말주변도 없고 나서는 것도 좋아하지 않는 내성적인 그녀가 절박한 마음으로 판매 방송이라는 것을 처음 시작했을 때 커다란 벽 앞에 선 것처럼 얼마나 막막했을까 싶다.

그런 어려움을 극복하고 꾸준히 판매 방송을 진행한 덕분에 지금은 오프라인 매장보다 라이브 커머스 수익이 훨씬 더 높다고 한다. 라이브 커머스 판매 방송으로 전국 각지에서 찐소통을 하는 단골 수도 점점 늘어나면서 소심한 성격도 많이 바뀌고 자신감도 많이 얻었다고 한다.

아나나스 님이 방송하느라 힘들고 배고플까 걱정한 단골들이 방송 중에 매장으로 빵과 커피를 배달시켜주기도 하고 서울에서 일부러 지방에 있는 매장까지 찾아오는 단골도 있다고 하니 당연히 방송하는 게 쉽진 않았겠지만 얼마나 신이 나고 힘이 났을까?

그러한 찐고객에게 판매하는 상품인지라 더욱더 신경 써서 친절하게 방송하고 실밥 하나까지 일일이 다 검수해 배송까지 완벽하게 하고 있어 핸드백을 구매한 고객들의 후기도 좋고 재구매율도 높다고 한다.

아나나스 님과 인터뷰를 마무리하려고 할 쯤 그녀는 "제가 제주도 한달살이를 계획 중인데 바다가 보이는 평상에 핸드백을 올려놓고 거기서도 라이브 커머스를 할 거예요!"라며 들뜬 목소리로 이야기했다.

캬! 생각만 해도 나 역시 설렌다. 본인의 오프라인 매장이 아닌 제주도에서 제주 바다를 배경으로 상품을 방송으로 판매하고 전국의 단골들이 아나나스 님을 보러 방송에 찾아와 주는 것! 그게 바로 라이브 커머스의 매력이 아닐까?

'아나나스Ananas'는 파인애플이 열매를 맺기 위해 피우는 꽃이다. '미래를 즐기다'라는 꽃말처럼 아나나스 님의 지금의 노력이 반드시 커다란 열매로 결실을 보길 응원한다.

## 아나나스 님의 성공 Point!

아나나스 님에게 중간에 포기하고 싶은 적도 많았을 텐데 이렇게까지 라이브 커머스 판

매 방송을 하는 이유를 물었더니 다음과 같이 담담하게 대답했다.

"하루 3시간 정도 투자하면 회사 다니는 남편 월급 정도는 벌 수 있으니까 저처럼 아이 키

우고 살림하는 주부들이 하기에 딱 맞는 듯해요! 저는 라이브 커머스로 유명인이 되고 싶은

생각은 없어요. 1등보다 꾸준히 포기하지 않고 방송하는 2등을 목표로 하고 있거든요."

아나나스 님은 내가 늘 강조하는 라이브 커머스 셀러가 가져야 하는 '꾸준함'과 '진정성'

을 다 갖춘 분이라 생각한다.

# 바이올린 켜는
# 셀러

30대 초반인 유리공주 님의 본캐는 바이올리니스트이다. 현직 오
케스트라 단원이기도 한 그녀는 코로나19로 연주회가 줄줄이 취
소되고 집에 있는 시간이 길어지면서 내가 진행하고 있는 라이브
커머스 셀러 양성 과정에 참여하게 되었다. 방송 경력은 없지만
세련된 외모와 타고난 말솜씨까지 장착해 라이브 커머스 셀러의
기본 소양은 물론 놀라울 정도의 추진력까지 갖추고 있었다.

교육이 끝난 후 본인이 직접 먹어보고 만족도가 높은 가공식
품 제작 회사에 바로 연락해 자신이 라이브 커머스 판매 방송으
로 귀사의 상품을 꼭 판매하고 싶다는 의사를 전하며 여러 차례
설득 끝에 허락을 받아냈다고 한다. 그래서 요즘은 하루도 거르지

않고 집에서 라이브 커머스 판매 방송으로 그 상품을 판매하고 있다. 어떻게 그런 용기가 생겼느냐고 물으니 웃으며 다음과 같이 대답했다.

"제가 무조건 일단은 부딪혀보는 스타일이거든요. 아무 경험도 없었지만 일단 부딪혀보니까 되더라고요. 그래도 막상 직접 방송해보니 만만치 않더라고요. 처음에는 방송 시작 후 30분 동안 댓글이 하나도 안 올라와서 얼마나 당황했는지 몰라요. 아무도 내 방송을 보고 있지 않다고 생각하니 계속 해야 하나 말아야 하나 갈등도 생기고 등줄기에 땀도 흐르고 말이죠."

사실 그녀는 본인이 라이브 커머스 판매 방송을 시작하면 시청자가 벌떼같이 몰려와서 댓글도 달아주고 방송 1시간에 몇백만 원의 매출이 나오리라 생각했다고 한다. 하지만 막상 해보니 생각과 다른 상황이 이어져 처음에는 너무나 당황스러웠단다.

하지만 꾸준히 판매 방송을 하며 느낀 점은 댓글이 없다고 보는 사람도 없는 것은 아니니 우물쭈물하지 말고 자신감 있게 끝까지 방송해야 한다는 것, 처음부터 매출에 연연하기보다 셀러 자신이 재미있게 즐기면서 하다 보면 매출은 자연스럽게 따라온다는 확신이 들었다고 한다.

그래서 나는 그녀에게 '바이올린 켜는 셀러'라는 콘셉트로 판매 방송을 해보면 어떻겠냐고 제안했다. 방송 시작 또는 시청자가 지루해질 즈음 셀러가 신나는 바이올린 연주로 방송 분위기를 띄우면 시청자들의 집중도도 높이고 정말 재미있어하지 않겠느냐고 말이다.

그녀는 내 제안에 판매 방송 중에 바이올린 연주는 너무 뜬금없지 않겠느냐고 반문했지만, 나는 강의도 아니고 1시간 동안 상품 설명만 하는 판매 방송을 누가 보고 싶겠느냐며 뜬금없는 것이 시청자들에게는 오히려 더 흥미롭고 재미있을 테니 꼭 해보라고 한 번 더 조언했다.

나의 설득에 유리공주 님은 그럼 한번 해보겠노라고 했고 앞서 본인에 관해 설명했듯 생각만 하기보다 생각을 바로 실천으로 옮기는 그녀가 라이브 커머스뿐 아니라 다른 어떤 분야에서도 성공할 확률이 높다는 건 우리 모두 잘 알고 있는 사실이다.

이 책 『오늘 방송도 완판!』을 읽는 독자 중 혹시 라이브 커머스 판매 방송에서 '바이올린 켜는 셀러'를 보게 된다면 그녀에게 많은 격려와 응원을 보내주시길 부탁한다.

## 유리공주 님의 성공 Point!

실제로 라이브 커머스 판매 방송을 처음 시작했을 때는 한동안은 보는 사람이 많지 않기도 하거니와 1시간 내내 방송해도 몇 개 팔리지 않는 경우가 허다하다. 이럴 때 많은 초보 셀러가 '이게 내 길이 아닌가?' '팔리지도 않고 보는 사람도 없는 방송을 굳이 해야 할 이유가 있을까?'라고 생각할 수 있다.

하지만 현재 라이브 커머스에서 자리를 잡아 활발하게 활동하는 많은 셀러를 만나보면 그들도 이와 같은 과정을 거쳤음을 알 수 있다. 판매가 되지 않더라도 멈추지 않고 꾸준히 방송하다 보니 팔로워 수가 조금씩 늘어났고 어느 정도 지나자 내 방송을 '소식 받기' 하는 시청자도 웬만큼 확보되었다고 한다.

한 줌의 눈도 굴리고 굴리면 큰 눈사람이 되듯 꾸준히 방송하다 보면 내 방송을 시청하는 고객 수도 점점 늘어날 것이다. 안정적인 매출도 시청자 수가 어느 정도 보장되어야 가능함을 안다면 지금 당장 매출이 생기지 않는다고 해서 실망하지 말고 그럴 때일수록 방송 횟수를 늘려 나만의 찐고객을 확보하는 게 가장 중요하다.

LIVE COMMERCE

# 김미경 대표님의
# 라이브 커머스

MKYU $^{\text{MK\&You University, 김미경과 당신의 대학}}$에서 라이브 커머스로 플리마

켓을 진행한 적이 있다. 전국에 있는 MKYU 열정대학생들이 신

청한 수백 개의 상품을 심사해 단 20개 상품만 선정, 라이브 커머

스로 판매하는 플리마켓이었는데 나는 그 행사에서 상품 선정 심

사위원으로도 참여하고 영광스럽게도 김미경 대표님과 공동 MC

로 방송에 함께할 기회가 생겼다.

　라이브 방송은 상품을 매대별로 진열해두고 순서에 따라 김미

경 대표님과 나, 남자 MC가 매대와 매대를 이동하면서 상품의 주

인들이 상품 설명과 자랑 등을 실컷 할 수 있도록 질문도 하고 판

을 깔아주는 콘셉트로 진행되었다.

난 그곳에서 김미경 대표님의 셀러로서의 탁월한 능력에 또 한 번 감탄했다. 쇼호스트들은 상품을 보자마자 거의 본능적으로 고객의 구매 욕구를 어떤 멘트로 자극해야 할까 머릿속을 풀가동한다. 이때 대부분 쇼호스트가 선 설명, 후 시연으로 진행하는 게 일반적으로 몸에 밴 순서이다.

그런데 김미경 대표님은 달랐다. 판매 상품 중 흰색 소가죽 구두가 있었는데 솔직히 말하자면 내 눈에는 그다지 예뻐 보이지 않아서 구두를 보는 짧은 순간 '이걸 어떻게 설명하지?' 잠시 고민에 빠졌다. 하지만 김미경 대표님은 이런저런 별말 하지 않고 그 짧은 찰나에 신고 있던 신발을 벗어 던지더니 바로 판매하는 그 흰색 소가죽 구두로 갈아 신었다.

갑자기 백 마디 말이 필요 없어졌다. 덩그러니 구두만 매대 위에 놓여 있을 때와 달리 직접 신어보니 디자인이 아주 고급스럽고 발도 작아 보이는 등 의외로 너무 예뻤다. 구두를 신고 걸어도 보고 뛰어도 보던 김미경 대표님은 진심으로 감탄한 목소리로 다음과 같이 말했다.

"어머 이거 신으니까 너무 예쁘다~ 발도 진짜 편해요. 안 신은 것처럼 가볍고~ 이거 내가 사야겠네!"

그 순간 어떻게 됐을까? 유튜브 생방송으로 라이브 커머스 플리마켓을 보던 많은 시청자가 김미경 대표님이 신은 구두를 경쟁적으로 주문하기 시작했다. 김미경 대표님은 틀에 박힌 선 설명, 후 시연이라는 공식을 깨고 선 시연, 후 설명 방식으로 시청자들의 모든 갈등과 궁금증을 한 번에 날려버린 것이다.

또한 이날 김미경 대표님은 판매자를 대하는 태도에서도 남다른 내공이 느껴졌다. 김미경 대표님은 MKYU 플리마켓 라이브 커머스 판매 방송 전에 판매할 20개의 상품에 관한 정보를 거의 다 파악하고 있었기에 자신이 이미 알고 있는 내용임에도 먼저 아는 척하지 않고 판매자에게 전혀 모르는 듯이 질문했다. 그러고는 답변을 들으며 깜짝 놀라기도 하고 눈을 크게 뜨기도 하는 등 진심을 담아 반응했다.

이러니 판매자는 신이 날 수밖에 없고 방송 분위기는 자연스럽게 밝고 유쾌해졌다. "역시는 역시!"라는 말이 딱 맞는 상황이었다. 그날 나는 MKYU 플리마켓 라이브 커머스의 MC 자격으로 참여했기에 판매자들의 상품이 시청자들에게 잘 어필될 수 있도록 도움을 주기도 했지만 김미경 대표님을 통해 더 많이 배운 시간이기도 했다.

## 김미경 대표님의 성공 Point!

잘하는 사람을 끊임없이 관찰하는 것도 배움 중 하나이다. 그러니 라이브 커머스 셀러 지

망생이라면 자주 다른 셀러들의 방송을 보며 저 사람의 장점과 강점을 파악하자. 보다

보면 익숙해지고, 익숙해지면 나만의 것으로도 충분히 만들 수 있다.

# 연예인들의
# 라이브 커머스 도전기

JTBC의 크로스미디어 스튜디오인 '스튜디오 룰루랄라'의 기획자가 내 책 『라이브 커머스 성공 전략』을 읽고 아이디어를 얻어 연예인 판 라이브 커머스 셀러 선발 대회 방송을 기획한 적이 있는데, 그 기획은 〈개천에서 용나G〉라는 웹 예능으로 만들어졌다.

〈개천에서 용나G〉는 라이브 커머스 플랫폼 그립<sup>Grip</sup>의 연예인 판 라이브 커머스 쇼호스트 선발대회 겸 토크쇼로 기획자가 기획안이 통과하자마자 MC이자 심사위원으로 나를 꼭 캐스팅하고 싶다고 수소문 끝에 연락해왔다. 지금 돌이켜 생각해도 정말 가문의 영광이고 감사한 일이었다.

총 5부작으로 제작된 이 예능은 그립 라이브로 먼저 진행되었고 라이브가 끝나면 편집되어 유튜브에 업로드되었다. 이를 통해 연예인들이 어떤 유니크함으로 라이브 커머스 셀러가 되기 위한 방송을 진행했었는지 설명해보겠다.

### 첫 번째 대결,
### 아이돌 대결 1차전

솔직히 말하자면 나는 요즘 아이돌은 잘 모른다. 아미A.R.M.Y. BTS의 공식 팬클럽 이름들이 알면 분노할 일이지만 대학원 면접 때 바로 코 앞에 월드 스타 BTS의 멤버가 무려 4명이나 있었는데도 그들이 BTS인지 몰랐던 사람이다. 하지만 첫 예능 출연이다 보니 인물 분석을 위해 인터넷 검색과 유튜브 시청 등을 통해 G군과 A군에 관해 어느 정도 공부하고 갔다.

아이돌답게 그들은 등장부터가 예사롭지 않았다. 저 멀리서부터 춤을 추며 나타나는 걸 보니 역시 아이돌이다 싶었다. 특히 G군은 입담이 보통이 아니었다. 인터뷰 내내 스튜디오에 웃음이 끊이지 않을 정도로 재미있는 사람이었고 A군 역시 밀리지 않는 끼와 말재간의 소유자였지만 G군과 비교하면 제법 점잖은 편이었다. 이런저런 토크 끝에 드디어 각 30분씩 라이브 커머스 판매 방송이 진행되었다.

G군 먼저 시작했는데 상품은 향수였다. 판매를 시작하자마자 웃는 걸 멈출 수 없을 정도로 끼와 재치를 발휘하며 상품에 관해 설명했다. 그 외에도 앞 머리카락 가발을 미리 준비해 개그맨 김해준 씨의 성대모사도 하고 노래와 춤 등 쉴 틈 없는 개인기와 퍼포먼스를 펼치며 출연자들과 스텝들, 시청자들에게 큰 즐거움을 선사했다.

다음 순서는 A군이었고 상품은 장미였다. G군이 휩쓸고 간 후라 그 이상의 텐션을 보여주지 못한다면 분위기가 상당히 썰렁해지지 않을까 싶었다. 판매가 시작되자 내 예상은 맞아떨어졌다. A군은 G군만큼 웃기게 방송하지는 못했다. 오히려 차분하고 진지하게 방송에 임했다. 결과는 어땠을까?

2명 중 1명만 선택해야 하는 상황에서 장동민 씨와 허영지 씨와 나, 이 3명의 심사 결과 우리는 A군의 손을 들어주었다. 우리를 정신없이 웃게 만든 G군보다 덜 재미있었고 텐션 또한 떨어졌던 A군을 선택한 이유는 무엇이었을까?

판매 방송 후 G군을 떠올렸을 때는 상품에 관한 정보보다 웃기고 재미있었던 G군이 더 많이 뇌리에 남았다. 상품이 G군에게 너무 가려진 것이다. 이럴 경우 시청자들은 상품이 아니라 자신이 좋아하는 스타만 보고 팬심으로 상품을 구매할 확률이 높다.

그럼 좋은 거 아니냐고 하겠지만 그것도 한두 번이지 횟수가 반복되면 구매력은 점점 더 떨어질 것이다. 연예인을 셀러로 내세워 라이브 커머스 판매 방송을 한다면 팬덤에만 의지해서는 안 된다. 팬덤이 중요하긴 하지만 팬들이 구매하는 데에는 분명 한계가 있다. 연예인의 매력 발산도 결국은 상품 판매를 가장 중심에 놓고 판매 촉진을 위한 장치로 활용해야 한다.

반면 A군은 G군보다 시선을 끌지는 못했지만 방송 내내 상품을 진지하게 대했고 나름대로 기승전결로 상품을 설명하려는 노력이 보였다. 예능적인 관점으로 본다면 G군의 완승이다. 하지만 그날 우리는 라이브 커머스 실전을 두고 정말 진지하게 고민했고 결국은 상품에 진심이었던 A군의 손을 들어 주었다.

## 상품 대하기

상품을 미리 공부하여 설명할 때 적절한 용어를 사용하도록 준비해야 한다. 꽃이나 향수를 판매할 때는 '냄새'라는 단어는 어울리지 않는다. 냄새는 음식 방송에 어울리는 단어이고 꽃이나 향수는 '향'이라고 해야 한다.

그리고 상품을 거칠게 다루어서도 안 된다. 상품을 잡고 막 흔든다거나 휘휘 돌리는 모습 등은 상품의 격을 떨어뜨릴 수 있으니 설명은 가볍더라도 상품은 귀하게 다룬다는 자세가 필요하다.

## 두 번째 대결,

## 방송인 대결 1차전

역시 너무나 유명한 분들이다. D님은 '초통령'이라는 애칭이 있을 만큼 초등학생들에게 우상인 유튜버이자 CEO이다. R님은 김범수의 노래 〈보고 싶다〉를 흑인 소울로 제대로 보여준 실력파 가수이고, K님은 〈하울의 움직이는 성〉을 비롯해 수많은 애니메이션과 외국 영화에서 잘생긴 남자 주인공 목소리 전담 성우이다. 이들 중 누가 승리했을까? 결론부터 말하면 D님이다.

지금은 D님이 라이브 커머스 쇼호스트로도 활동하지만 이때까지만 하더라도 쇼호스트 경험이 전혀 없는 상황이었다. 하지만 D님은 내가 본 개인 방송 진행자 중 댓글 활용을 가장 잘했다. 유튜브를 통해 실시간 소통을 워낙 많이 했기에 라이브 커머스에서도 그 노하우와 진가가 유감없이 발휘되었다.

방송이 시작되자 D님은 본인 이야기부터 하기보다 댓글로 시청자들과 인사하며 소통부터 했다. 본인의 이야기를 하면서도 댓글 하나하나 놓치지 않았다. 닉네임도 부르며 내용을 함께 읽었고 그에 따른 피드백도 성실히 했다.

댓글을 읽을 때는 댓글 쪽을 보았지만 본인의 이야기를 할 때는 정확하게 카메라 렌즈를 보면서 시청자와 1대 1 눈 맞춤을 하는

노련함이 보였다. 심사위원인 나도 D님의 라이브 커머스 방송을
보며 정말 감탄했고 많이 배웠다.

　D님은 발음 또한 정말 좋아서 설명이 귀에 쏙쏙 잘 전달되었고
멘트 또한 기가 막혔다. 이날 D님의 판매 상품은 만두였는데 방
송 도중 그가 "만두는 완전 식품이에요!"라고 운을 띄웠다. 만두가
완전 식품이라고? 갑자기 관심이 확 생겼다.

> "영화 <올드 보이>에서 최민식 씨가 15년 동안 만두만 먹고 살았던
> 거 기억나시죠?"

　냉동 만두는 인스턴트 식품이라고만 여겼기에 먹을 때도 그다
지 영양소에 큰 기대를 하지 않았었는데 D님의 멘트는 갑자기 커
다란 느낌표 하나를 던져주는 느낌이었다. 그런 면에서 D님의 센
스가 남다르다고 생각했다.

　D님이 매운 걸 잘 먹지 못한다는 점을 사전에 알고는 있었는데
역시나 김치만두를 한입 베어 물고는 많이 매운지 진땀을 흘리며
상당히 곤욕스러운 표정을 지었다. '초통령'이라는 애칭답게 초등
학생 입맛과 비슷하다고 생각하니 그 모습도 귀엽게 느껴졌다.

　D님의 방송에서 조금 아쉬운 점이 있었다면 김치만두의 맵기

가 어느 정도인지에 관한 정보 전달이 부족했다. 자신이 매운 걸 못 먹어서 맵다고 하는 건지, 누가 먹어도 매운 건지 등 맵기의 정도를 시청자들에게 자세히 알려주었다면 구매 결정에 큰 도움이 되었을 것이다.

『라이브 커머스 성공 전략』에서 나는 맵기의 정도를 정말 매우 면 신라면, 중간이면 진라면, 안 매우면 안성탕면으로 예시를 들었다. 그런데 얼마 전 내 책을 읽은 어느 30대 독자가 이런 이야기를 했다.

"저는 신라면을 너무 오래전에 먹어 봐서 얼마나 매운지 기억이 안 나요. 안성탕면은 거의 먹은 적이 없어요. 그런데 대표님 책을 읽은 대부분 셀러가 신라면, 진라면, 안성탕면을 기준으로 맵기를 설명하는데 하나도 와닿지 않았어요."

아차 싶었다. 나랑 세대가 다른 것이었다. 내가 되물었다.

"그럼 요즘 젊은 세대는 매운 음식의 기준이 뭐예요?"
"엽기떡볶이요. 매운맛, 중간 맛, 덜 매운맛. 그리고 불닭 까르보나라 정도로 얘기하죠."

앞으로 라이브 커머스 판매 방송에서 매운 음식을 판매하는 셀러라면 맵기의 정도를 설명할 때 엽기떡볶이나 불닭 까르보나라를 기준으로 잡으시길 바란다!

## 댓글 소통하기

댓글을 읽고 소통하는 일이 힘들다는 예비 셀러가 많다. 처음 하는 일은 그게 무엇이든 쉽겠는가? 상품 설명에만 몰입한 나머지 댓글을 아예 보지 못 하는 일도 문제지만 댓글 소통에서 하나라도 놓치면 무슨 큰 죄를 지은 것처럼 시청자들에게 미안해하며 강박적으로 행동하는 일도 문제이다.

라이브 커머스 셀러라면 이 2가지 상황에서 조금 벗어날 필요가 있다. 그래야 보는 사람도 편하고 하는 사람도 자연스럽다.

수백 수천 수만 명의 시청자가 접속해 댓글을 남기는 인기 판매 방송에서는 댓글 올라가는 속도가 워낙 빠르므로 그 많은 댓글에 일일이 반응하며 소통하는 건 불가능하다. 그래서 이런 경우에는 댓글을 관리하는 담당자(주로 판매사)가 따로 있어 시청자의 질문이나 중요 공지 등은 댓글 관리자가 대신 답을 해주는 게 일반적이다.

반면 댓글 수가 셀러 혼자 감당할 수 있는 수준이라면 차근차근 댓글에 답하며 소통하는 것이 필요한데 그렇다고 여기에 너무 얽매여 본인이 하고 싶은 말을 하지 못할 정도가 되면 안 된다.

특히 인스타그램 라이브 방송 등에서는 시청자의 영어 닉네임을 제대로 읽지 못해 당황하는 일도 왕왕 있는데 눈에 익숙하지 않은 영어 닉네임을 쓰는 사람이 계속 댓글을 올린다면 이 닉네임을 사용하는 시청자에게 어떻게 읽어야 하는지 물어보는 것도 방법이다.

예를 들어 'tyghtmxm11@'이라는 닉네임이 있다면 "tyg 쓰시는 시청자님은 닉네임을 어떻게 읽으면 되나요?"라고 직접 물어보거나 혹은 너무 긴 영어 이름이라면 'tyg' 등으로 앞글자 몇 개만 읽어도 된다. 소수의 어려운 영어 닉네임을 발음하느라 스트레스를 받기보다 더 많은 시청자의 댓글을 신경 쓰는 게 좋지 않을까?

여기서 포인트는 혼자 댓글을 읽고 혼자 끄덕이거나 피식피식 웃는 건 시청자들을 방송에 참여하도록 하기보다 오히려 소외시키는 것이다. 한번은 모 교육생의 라이브 커머스 판매 방송에서 내가 상품을 결제한 후 "○○ 님만 믿고 샀어요!"라고 댓글을 올린 적이 있다. 그 교육생은 내 칭찬이 쑥스러웠는지 "아 네~!" 하며 씨익 웃었다. 그럼 시청자들은 셀러가 누구에게 대답하고 웃은 것인지 모른다. 이럴 때는 다음과 같이 반응했다면 어떨까?

"○○○ 님~ 저 믿고 사주신 거예요? 어머~ 너무 감사해요! 저를 믿고 사시는 분이 많아질수록 제가 기분도 좋지만 어깨도 무거워지네요. 앞으로도 제가 소개하는 상품은 저를 믿고 사셔도 됩니다. 자신 있는 상품이거든요."

주문하고 댓글을 올린 나는 제대로 감사 인사를 받은 것 같아 으쓱해지고 셀러는 본인의 신뢰감을 다른 시청자들에게 자연스럽게 한 번 더 어필하면서 살까 말까 망설이는 시청자들의 결제 유도를 끌어내는 데 효과가 있지 않았을까?

댓글을 단순히 읽어주는 것은 라이브 커머스 판매 방송에서 의미가 없다. 질문 이라면 명쾌하게 대답해주면 되지만 그 외에는 판매자로서 시청자들과의 공감 을 표현하는 것이다. 즉 '댓글 낭독'이 아니라 '댓글 소통'이 되어야 한다.

촬영하는 휴대전화 화면이 멀리 있거나 시력이 좋지 않다면 본인 앞에 댓글 모 니터용으로 태블릿PC나 노트북을 하나 더 놓고 방송하면 댓글 읽기가 훨씬 수월해지는데 이때도 정면에서 크게 벗어나지 않는 위치에 놓는 편이 시선 처 리에 있어 안정적이다.

## 세 번째 대결,
## 아이돌 대결 2차전

이번에는 걸 그룹 멤버들의 라이브 커머스 대결이다. 두 팀 모두 아이돌답게 정말 매력 있고 텐션도 톡톡 튀었다. 그 나이대에 맞게 사소한 말 한마디에도 깔깔깔 웃음을 참지 못하는 모습도 정말 예뻤다.

I양은 블루투스 마이크를 판매했고, N과 E양은 블루투스 스피커를 판매했다. 방송 전 I양은 밤새 한숨도 못 잘 정도로 방송 준비를 했다던데, 아니나 다를까 사용 방법부터 활용도까지 상품을 철저하게 분석해 쉽고 재미있게 설명해주었다.

N과 E양 역시 블루투스 스피커를 철저하게 분석해 요목조목 상품 특징을 잘 설명하여 정말 박빙의 승부를 보여주었다. 과연 누가 이겼을까?

개인적인 의견으로는 함께 촬영하면서 I양이 전문 쇼호스트 못지않게 정말 잘한다고 생각했다. 치열한 서바이벌 오디션을 통해 가수로 데뷔한 그녀가 쇼호스트로 전향할 리는 없겠지만 본인만 원한다면 바로 TV홈쇼핑 쇼호스트나 라이브 커머스 셀러로 활동해도 잘하겠다 싶었다.

그런데 결과는 N과 E양이 이겼다. 두 팀을 놓고 심사해야 했던 나와 장동민 씨, 허영지 씨는 정말 고민이 많았다. 어느 한 팀을 떨어뜨릴 수 없을 정도로 정말 두 팀 다 기대 이상으로 판매 방송을 잘했기 때문이다.

상품 설명만 놓고 보았다면 I양의 승리였겠지만 방송 중간중간 시청자들의 흥미를 끌었던 재미 요소로 보면 N과 E양이 더 나았기 때문에 우리는 그녀들의 손을 들어주었다.

N과 E양이 상품 설명을 제대로 하지 않고 재미만 추구했다면 당연히 승리는 I양에게 돌아갔겠지만 N과 E양은 상품 설명도 제대로 하면서 미친 텐션으로 지루할 틈 없이 춤과 노래, 개인기를 끊임없이 추가해서 시청자가 빠져나가지 못하게 만들었던 점이 그녀들의 승리 포인트였다.

## 라이브 커머스의 예능화에 적용하기

요즘은 틱톡과 릴스 같은 영상 길이가 15초~60초 가량인 숏폼 콘텐츠가 대세이다. 최근에는 60분 단위의 라이브 커머스 판매 방송 서비스를 송출해 왔던 네이버 쇼핑라이브 같은 대형 라이브 커머스 플랫폼에서도 10분짜리 숏폼 서비스를 시작해서 좋은 반응을 얻고 있다.

왜 이런 숏폼 콘텐츠나 라이브 커머스에 사람들이 열광할까? 한마디로 말하자면 갈수록 사람들의 집중력이 짧아지고 있기 때문이다. 게다가 재미가 없으면 더는 시청하지 않는다. 이제 고객은 짧은 시간 안에 재미있는 것을 많이 보고 싶어 한다. 이런 분위기에 적응하지 못하거나 고객의 니즈는 안중에도 없이 방송 시간 60분을 지루하더라도 어떻게든 끌고 나가야 한다고 생각하는 셀러가 혹시라도 있다면 빨리 생각을 바꾸는 것이 좋겠다.

비록 숏폼이 아니더라도 재미와 흥미, 호기심 유발은 이제 라이브 커머스에서 빠질 수 없는 핵심 전략이 되었다. 한 기획 라이브 커머스 방송에서 유명 마술사가 출연해 대기업 가전제품을 판매했던 적이 있었다. 침대에 누워 있는 사람을 마술사가 공중 부양시키는 동안 쇼호스트는 누워 있던 사람 근처에 (전원을 켜지 않은) 청소기를 가져다 대고 마치 진공청소기의 흡입력이 사람을 들어올린 것처럼 보이도록 액션을 취했다. 얼마나 흥미진진한가? 마술이라는 재미 요소에 강력한 진공청소기의 흡입력까지 동시에 보여주어 눈을 뗄 수 없는 방송이었다.

대형 플랫폼에서 대기업 상품을 판매할 때 셀럽을 동원하며 진행하는 이벤트나 퍼포먼스 등을 1인 방송 셀러는 감히 따라 하기도, 따라 할 수도 없는 영역이다. 그렇다면 1인 판매 방송에서는 어떤 재미 요소를 준비할 수 있을까?

가장 쉬운 예로는 시청자들의 흥미를 끌 만한 즉석 퀴즈, 삼행시, 댓글 왕, 우수 후기 댓글, 100원 이벤트에 당첨된 사람에게 물건값 대폭 할인 등 사소하더라도 소정의 선물이나 혜택을 주는 방법이 있다. 이럴 때 시간 분배를 잘해서 10분 또는 15분 간격으로 패턴을 정해 놓고 하는 것이 좋고 방송 중간중간 이벤트에 관해 안내하며 시청자의 기대감을 심어주는 것이 중요하다.

그것도 힘들다면 댓글 소통을 재미있게 하는 것도 방법이 될 수 있다. 아무튼, 라이브 커머스 셀러라면 내 방송을 시청하는 고객들이 무엇을 좋아하는지 항상 고민하고 다양하게 시도해 보기를 권한다. 꼭 돈이 들지 않더라도 판매 수량, 시청자 수, 하트 수에 공약을 걸고 몇 개 판매 시, 몇 명 돌파 시, 하트 몇 개 달성 시 셀러의 개인기를 하나씩 보이는 것도 꽤 재미있다. 내 교육생 중에는 아예 노래방 마이크를 옆에 두고 방송하는 분도 있다.

## 네 번째 대결,

## 방송인 대결 2차전

네 번째 대결은 1세대 아이돌이자 특유의 입담과 재치로 예능에서 많이 활약하는 M님과 뮤지컬 배우이자 유튜버로 활동하는 Y님이었다.

M님은 닭볶음탕 밀키트, Y님은 옛날 통닭을 준비했다. 이 두 사람의 라이브 커머스 대결은 처음부터 흥미진진했다. 개성과 입담이 워낙 강한 사람들이었기에 과연 라이브 커머스 판매 방송에서는 어떤 모습을 보여줄지 모두 기대가 컸다. 결론부터 말하자면 Y님이 이겼다.

M님은 우리가 방송에서 늘 보았듯 존재 그 자체만으로도 재미있고 관심 집중이었다. 그리고 시청자가 거리감을 느끼지 않도록 친근하고 자연스러운 모습을 보여주는 것도 보기 좋았다.

그런데 M님 자신은 이런 라이브 방송이 처음인지 상당히 진땀을 흘렸다. 심사위원으로서 평가한다면 M님은 밀키트가 편리하다는 점은 잘 설명했지만 본인이 판매하는 밀키트가 어떤 맛인지에 관한 설명은 다소 부족했다. 맛있게 먹는 모습을 보여주는 중에도 매운지, 육질은 어떤지 등 조금만 더 설명을 덧붙여주면 좋겠다는 생각이 들었다.

M님에게 또 하나 아쉬웠던 점은 의상이었다. 계속 강조하듯 셀러의 이미지는 상당히 중요하다. 셀러가 입은 옷을 포함한 외적 이미지는 상품을 더욱더 돋보이게 하여 더 잘 팔리도록 신경 써야 하는 부분이다.

M님은 멋쟁이 연예인답게 눈부시도록 깨끗한 흰색 티셔츠에 연한 민트색 정장을 입었는데 연예인은 역시 다르구나 싶을 만큼 민트색이 그의 깨끗한 피부 톤과 참 잘 어울렸다.

하지만 라이브 커머스 판매 방송이 시작되자 이는 단점으로 작용되기 시작했다. 새하얀 티셔츠와 민트색 정장 앞에 냄비 위에서 부글부글 끓고 있는 뻘건 닭볶음탕이 있으니 "옷에 국물 튈라" "국물 조심하세요!" 등등 시청자들의 댓글이 쇄도했다.

결국 방송 중간에 재킷을 벗고 앞치마를 매면서 시청자를 안도하게 했지만 방송 시작부터 깔끔하게 앞치마를 둘렀다면 시청자들이 상품에 좀 더 집중하지 않았을까 싶다.

Y님은 오븐이나 에어프라이어에 데워먹을 수 있는 옛날 통닭을 판매했는데 '1992년 서울 여자'를 콘셉트로 하여 의상과 헤어스타일, 메이크업까지 모두 복고 스타일로 꾸미고 와서는 옛날식 서울말로 상황극을 보여주었다. 예전에 즐겨 먹던 추억의 음식이라는 점을 보여주고 싶었던 듯하다.

그리고 남은 통닭을 어떻게 끝까지 맛있게 먹을 수 있는지도 다양하게 응용해 보여주었다. 중간중간 시청자들이 지루해한다 싶으면 뮤지컬 공연에서 불렀던 노래도 불러주는 등 짧은 라이브 방송 시간을 꽉 채우도록 기획하여 방송한 점이 Y님에게 승리를 가져다주었다.

## 개천에서 용나G 출연자들의 성공 Point!

라이브 커머스 판매 방송은 재미와 소통이 매우 중요하다. 뿐만 아니라 방송 시간 동안 흐름이 끊이지 않게 구성된 잘 짜인 기획과 상품 설명도 소홀히 하면 안 된다. 결국 판매 방송은 상품을 가장 잘 파는 데에 초점을 맞추어야 한다. 화려한 기교도 기본이 제대로 갖추어져야 할 수 있음을 명심하자.

# 위기 속에서도 기회를 만드는 '꾸준함'과 '진정성'에 관하여

작년 이맘때 즈음 서사원 출판사로부터 다음과 같은 연락을 받았다.

> "선생님, 『라이브 커머스 성공 전략』으로 라이브 커머스를 하고 싶은 사람
> 들이 라이브 커머스 시장에 좀 더 쉽게 입문할 수 있는 이론서를 쓰셨으니,
> 이번에는 선생님의 책과 강의를 접한 후 라이브 커머스 셀러로 성장하고 있
> 는 사람들의 이야기를 두 번째 책으로 써 보시면 어떨까요?"

그렇게 두 번째 책 『오늘 방송도 완판!』의 집필이 시작되었다. 덕분
에 기존에 교류하고 있었던 교육생들뿐 아니라 그 이후로도 라이브 커
머스에 직접 도전하는 교육생들을 꽤 오랫동안 관찰하고 지지하며 그
들이 고군분투하며 성장하는 모습을 지켜보았다.

사실 요즘은 언론과 SNS를 통해 홍보되는 훌륭한 전문가와 유명한
라이브 커머스 셀러가 아주 많다. 하지만 이 책 『오늘 방송도 완판!』은

그중 가장 잘된 사람들의 순위를 따지고 정보를 모아 쓴 책이 아니다. 필자인 내 눈으로 직접 보지 않았고 내가 코칭하지 않은 사람들에 관한 이야기는 다루고 싶지 않았기에 여기서는 철저히 나의 경험 및 나와 인연을 맺은 사람들의 이야기로만 한정했음을 다시 한번 말하고 싶다.

모두 위기라고 말할 때 그 위기조차도 기회로 삼는 사람들이 있다. 이 책『오늘 방송도 완판!』에서 소개한 사람들이 바로 그러한 사람들이다. 앞에서도 언급했지만, 이분들은 방송 경력이 있거나 이름만 들으면 바로 알 만한 사람이거나 언론의 스포트라이트를 받아 이미 유명한 사람들이 아니다(김미경 대표님과 연예인 및 셀럽이나 유명 인플루언서는 제외). 아직 이루고 성취해야 할 목표가 훨씬 많이 남아 있는 분들이다.

〈PART 3. 라이브 커머스에 성공적으로 안착한&할 사람들〉의 이야기를 정리하다 보니 이들에게 몇 가지 분명한 공통점이 보였다. 몇몇을 제외하면 타고난 성격은 내성적이고 남들 앞에 나서기를 그다지 좋아하지 않는 성향이었다는 점, 한두 번 해서 안 된다고 포기하지 않고 여러 방법으로 연구하며 될 때까지 끈기 있게 부딪혀 보았다는 점, 크게 욕심내기보다 판매 방송을 할 때마다 진심으로 고객과 소통하며 스스로 즐거움을 느꼈다는 점 등이 그것이다.

"라이브 커머스 셀러로 성공하려면 무엇이 제일 중요하다고 생각하나요?"

위 질문은 내가 이분들과 인터뷰를 마무리하면서 마지막에 던진 질문인데, 독자들도 이미 눈치챘겠지만 그들은 약속이나 한 듯이 이 질문에 똑같은 대답을 했다. 바로 '꾸준함'과 '진정성'이라고 말이다.

성공을 위한 특별한 비결을 기대했던 독자들에게는 참으로 시시하고 허탈한 대답일 수 있겠지만, 모든 일이 그렇듯 라이브 커머스 셀러에게도 '꾸준함'과 '진정성' 이 2가지는 반박할 수 없는 성공의 핵심인 듯하다.

또한 "닭이 먼저냐, 달걀이 먼저냐?" 급의 질문이지만 잘되기에 재미있는 것인지, 재미있기에 잘되는 것인지는 명확히 알 수는 없지만 아무튼 꾸준함을 유지하기 위해서는 셀러 자신도 라이브 커머스 판매 방송을 즐겨야 한다는 점도 이들이 강조한 성공의 비결이다.

이 책『오늘 방송도 완판!』은 인생 1막이었던 TV홈쇼핑 쇼호스트에서 인생 2막인 라이브 커머스로 커리어를 전환한 후 지금까지 정신없이 달려온 나에게 다시 한번 초심을 일깨워준 선물과도 같은 책이다. 이 책이 독자들의 삶에도 티핑 포인트Tipping Point, 작은 변화가 어느 정도 기간을 두고 쌓인 상태에서 이제 작은 변화가 하나만 더 일어나도 돌연 큰 영향을 초래할 상태가 된 단계가 되는 선물 같은 책이었으면 좋겠다.

이 나이가 되도록 항상 "예쁘다!" "잘한다~" 하며 막내딸을 응원해 주시는 부모님과 깊은 마음으로 이해하고 믿어주는 남편, 우리 쌍둥이 유빈, 세빈에게 늘 고맙고 사랑한다는 말을 꼭 전하고 싶다.

사람의 마음을 움직이는 '실전! 라이브 커머스 성공 전략'

# 오늘 방송도 완판!

**초판 1쇄 인쇄** 2022년 5월 20일
**초판 1쇄 발행** 2022년 5월 27일

**지은이** 이현숙

**대표** 장선희 **총괄** 이영철
**책임편집** 이소정 **기획편집** 정시아, 한이슬, 현미나
**디자인** 김효숙, 최아영 **외주디자인** 이창욱
**마케팅** 최의범, 강주영, 이동희, 김현진
**경영관리** 문경국

**펴낸곳** 서사원 **출판등록** 제2021-000194호
**주소** 서울시 영등포구 당산로 54길 11 상가 301호
**전화** 02-898-8778 **팩스** 02-6008-1673
**이메일** cr@seosawon.com
**블로그** blog.naver.com/seosawon
**페이스북** www.facebook.com/seosawon
**인스타그램** www.instagram.com/seosawon

ⓒ이현숙, 2022

ISBN 979-11-6822-072-0 03320

서사원은 독자 여러분의 책에 관한 아이디어와 원고 투고를 설레는 마음으로 기다리고 있습니다. 책으로 엮기를 원하는 아이디어가 있는 분은 이메일 cr@seosawon.com으로 간단한 개요와 취지, 연락처 등을 보내주세요. 고민을 멈추고 실행해보세요. 꿈이 이루어집니다.